O PODER DA ORAÇÃO
QUE DOMINA O MEDO

O PODER DA ORAÇÃO QUE DOMINA O MEDO

—

STORMIE OMARTIAN

Traduzido por Cecília Eller

Copyright © 2017 por Stormie Omartian
Publicado originalmente por Harvest House Publishers,
Eugene, Oregon, EUA.

Os textos de referências bíblicas foram extraídos da
Nova Versão Transformadora (NVT), da Editora Mundo
Cristão, com permissão da Tyndale House Publishers,
Inc.Eventuais destaques nos textos bíblicos e citações
em geral referem-se a grifos da autora.

Todos os direitos reservados e protegidos pela
Lei 9.610, de 19/02/1998.

É expressamente proibida a reprodução total ou
parcial deste livro, por quaisquer meios (eletrônicos,
mecânicos, fotográficos, gravação e outros), sem prévia
autorização, por escrito, da editora.

Edição
Daniel Faria

Revisão
Natália Custódio

Produção
Felipe Marques

Colaboração
Ana Paz

Diagramação
Luciana Di Iorio

Cip-Brasil. Catalogação na publicação
Sindicato Nacional dos Editores de Livros, RJ

O64p

    Omartian, Stormie
     O poder da oração que domina o medo / Stormie
Omartian ; tradução Cecília Eller. - 1. ed. - São Paulo :
Mundo Cristão, 2019.
    240 p.

    Tradução de: The power of praying through fear
    ISBN 978-85-433-0378-9

    1. Oração - Cristianismo. 2. Medo - Aspectos
religiosos - Cristianismo. 3. Vida cristã. I. Eller, Cecília.
II. Título.

19-55072

CDD: 242.4
CDU: 27-534.3

Categoria: Oração
1ª edição: maio de 2019

Publicado no Brasil com todos
os direitos reservados por:

Editora Mundo Cristão
Rua Antônio Carlos Tacconi, 69
São Paulo, SP, Brasil
CEP 04810-020
Telefone: (11) 2127-4147
www.mundocristao.com.br

Deus não nos deu um Espírito que produz temor e covardia,
mas sim que nos dá poder, amor e autocontrole.
2Timóteo 1.7

Sumário

O quê você disse?   9

1. O que o medo pode fazer conosco?   11
2. Qual é o nosso maior medo?   37
3. O que a Bíblia diz sobre o medo?   65
4. Qual é o medo que Deus permite que experimentemos?   85
5. Qual é o medo que Deus quer que sintamos?   111
6. O que devemos pensar, dizer e pedir em oração quando sentimos medo?   125
7. O que devemos fazer quando sentimos medo?   141
8. Quais são as táticas de medo usadas pelo inimigo?   163
9. O que supera o medo da morte?   193
10. O que pode nos impedir de temer o futuro?   215

O quê você disse?

A Bíblia fala muito sobre as palavras que dizemos e sobre quando falamos verdade ou mentira. Algumas pessoas mentem para si tantas vezes e por tanto tempo que começam a crer na mentira, a qual se torna verdade para elas. Dito de outro modo, elas se convencem a acreditar naquilo que querem. Outros creem em uma mentira sem se dar conta porque não sabem qual é a verdade de fato. Mas esta sobrevive e, no fim das contas, sempre vence. Por isso, as pessoas que mentem ou creem em uma mentira só conseguem viver de acordo com essa falsa premissa até a verdade vir à tona — o que acaba acontecendo em algum momento, pois a verdade nunca morre.

Este livro é sobre encontrar a Verdade com V maiúsculo acerca de nossos medos e, então, aprender a proferi-la até o coração e a mente a aceitarem e crerem nela por completo. É sobre orar para conhecer a verdade que liberta e, assim, dar os passos necessários para receber toda a liberdade que Deus tem para nós.

Para viver o que Deus nos reservou, não podemos permitir que nossos medos nos controlem.

Os capítulos a seguir contêm ferramentas que a ajudarão não só a descobrir seus temores ocultos e a enfrentá-los, como também a construir um alicerce sólido de verdades bíblicas sobre o qual você pode se firmar, a fim de se livrar deles por completo. Há passos que você pode dar assim que tiver o primeiro pensamento de medo. Isso o ajudará a identificar os temores que Deus permite, percebendo como eles podem ser algo positivo. Também deve haver em todos nós uma compreensão mais clara do único tipo de temor que Deus deseja que tenhamos — e de como viver em conformidade com isso. Há, ainda, listas de palavras e pensamentos poderosos que você pode rápida e deliberadamente trazer à mente, verbalizar ou apresentá-los em oração quando estiver lutando contra um medo de qualquer natureza. Essas práticas todas a ajudarão a superar esse medo. E existem muitas coisas que você pode fazer não só para tranquilizar a própria alma quando o medo ameaçar tirar sua paz, como também para prevenir os aspectos debilitantes do medo. Os temores mais comuns — o medo da rejeição, do fracasso, da dor, da perda, da insignificância, do mal, da morte e do futuro, entre outros — podem afetar nossa vida mais do que pensamos. Quando vencermos esses grandes temores, o restante de nossos medos também perderá poder. E é essa minha oração por você e por todos que vierem a ler este livro.

Stormie Omartian

1
O que o medo pode fazer conosco?

Se eu pudesse resumir os primeiros trinta anos da minha vida em uma palavra, esta seria MEDO. Eu passei por tantas experiências terríveis quando criança que acabei carregando o medo comigo para a idade adulta. Nunca tive alguém a quem pudesse contar o que estava acontecendo, que me garantisse que as coisas melhorariam, ou mesmo que me ajudasse a me sentir segura. Por isso, o medo se tornou meu estilo de vida.

Todos nós sentimos algum tipo de medo. Cada um de nós receia algo. Sabemos que o medo é o sentimento que comumente resulta de crer que determinadas pessoas, situações ou condições podem ameaçar nosso bem-estar ou o bem-estar daqueles que mais amamos e com quem nos importamos. Outras palavras que descrevem o medo são: temor, ansiedade, apreensão, alarme, agitação, pânico, preocupação, aflição profunda ou terror. Mostre-me uma pessoa confiável — que esteja razoavelmente conectada com a realidade — que nunca sinta nenhuma dessas emoções. Já ouvi gente dizer: "Eu não sinto medo. Só ansiedade, temor, preocupação e ataques de pânico ocasionais". Fico com vontade de dizer: "Ei! O medo é a raiz de todas essas coisas!". Mas não quero assustar ninguém.

Há muito que temer neste mundo, pois nenhum lugar é totalmente seguro. Basta ver o noticiário para encontrar motivos para viver assustado. E o mal por trás dos acontecimentos atuais é cada vez mais terrível. É por isso que o medo parece dominar o coração de tanta gente. Trata-se de uma epidemia emocional.

Além de todas as razões externas para sentirmos medo, podemos sofrer igualmente com os temores que vêm de nosso interior. E é possível que tais temores interfiram mais em nossa vida do que conseguimos notar. Eles podem ser causados por memórias ruins de coisas temíveis que nos aconteceram e as quais receamos que se repitam a qualquer momento. Também é possível que venhamos carregando esses medos por tanto tempo que nem entendemos mais a razão de existirem. Talvez até pensemos: "É assim que eu sou: ansiosa, preocupada e apreensiva".

Independentemente de qual seja a causa, o medo afeta mente, emoções e físico. Ele nos enfraquece e nos adoece o corpo e a alma. O medo nos acorrenta. Interfere em nossos relacionamentos e em nosso trabalho. Pode crescer dentro de nós a ponto de ficarmos emocionalmente paralisados. Quando passamos um longo período acreditando que não há saída de uma situação aterrorizante ou ameaçadora, essa crença pode afetar cada parte de nós com um medo que nos deixa incapacitados.

Quando sentimos medo, perdemos alegria, energia e força — sobretudo se ele nos acompanha por muito tempo. Se não fizermos algo para acabar com a ameaça ou nos afastar da situação ameaçadora, o medo nos afetará de diversas maneiras negativas e roubará mais de nossa vida do que jamais seremos capazes de perceber.

Por exemplo, o pânico e a ansiedade podem congelar sua mente, impedindo que pense da maneira correta. O medo pode incapacitá-la emocionalmente até que você não tenha condições de agir de forma calma e racional. O medo afeta sua saúde, aumentando sua pressão sanguínea e fazendo seu coração bater tão rápido que você o ouve constantemente e o sente pulsar dentro dos ouvidos. Pode fazer você se sentir como se estivesse morrendo. Sei de tudo isso porque vivenciei medo paralisante, ansiedade e ataques de pânico tão intensos que eu não sabia se conseguiria me controlar para fazer até mesmo as coisas mais simples do dia a dia.

Quando experimentamos medo contínuo dessa maneira, ele se transforma na força gerenciadora de nossa vida, como se estivéssemos fora de controle. Quando o medo toma conta de nossa vida dessa forma, ele nos impede de alcançar tudo aquilo que podemos ser e fazer. Mesmo muito tempo depois de extinta a causa primária do medo, é possível a pessoa ter sintomas de forte temor. Qualquer indivíduo que tenha passado por um longo período de medo extremo e traumático pode ser perigosamente afetado por esse sentimento caso não seja devidamente tratado.

A Bíblia descreve assim o medo súbito e descontrolado: "Foram tomados de medo e se contorceram de dores, como a mulher no parto" (Sl 48.6). Quando o medo toma conta de nós de repente, podemos ser subjugados por ele de forma tão debilitante quanto as dores de parto para a mulher. Em seu pior momento, esse tipo de medo pode se tornar uma fobia se não for tratado com eficácia e durante um longo período.

Eu era controlada por esse medo e essa ansiedade que acabei de descrever, tanto que cheguei a experimentar paralisia emocional e física. Mas não sou mais assim. Aprendi há muito tempo que esse tipo de temor destrutivo e incapacitante não vem de Deus. É parte do plano que o inimigo tem para nós, e devemos conhecer a verdade que nos liberta. A verdade absoluta é que Deus nunca nos dá um espírito de medo.

Ele nos concede seu *poder*, seu *amor* e nada menos que uma *mente sã*. Essas coisas são mais que suficientes para nos ajudar a nos libertar do espírito de medo.

Minha primeira infância, tanto quanto consigo me lembrar, me programou para uma vida controlada por um espírito de medo. Eu passava por uma situação assustadora após a outra, pois minha mãe tinha uma grave doença mental. Ela também era muito brava, má e mesquinha. Mudava de atitude em um instante, dependendo de quem estivesse por perto. Parecia que sua atividade preferida quando eu era pequena era me bater com força no rosto quando eu menos esperava e, então, me trancar em um armário pequeno e escuro debaixo das escadas, na velha casa de dois andares na chácara onde morávamos. Ela me chamava de nomes nojentos — a maioria deles eu jamais conseguirei repetir para alguém. São palavras doentias, degradantes, vergonhosas e ofensivas para qualquer um que as leia ou escute. Minha mãe fazia tudo isso por razões que só ela mesma conhecia, pois nunca entendi o que eu havia feito para merecer tanta ira.

A falta de amor e de compaixão, a violência e o ódio de mamãe para comigo me deixavam aterrorizada, ansiosa e temerosa o tempo inteiro. Vivíamos isolados em uma pequena chácara no estado de Wyoming, a trinta quilômetros da cidade, e a distância de casa até os vizinhos mais próximos também somava alguns quilômetros. Nossa única fonte de aquecimento era a pequena lareira, na sala minúscula, e o fogão a lenha, na cozinha menor ainda. Não havia eletricidade, nem encanamento, ou seja, não tínhamos luz, nem água nas torneiras. Todo mundo tinha essas coisas, então não era

O QUE O MEDO PODE FAZER CONOSCO?

comum viver como vivíamos. Éramos pobres e não tínhamos condições de pagar por esses itens básicos.

Havia um poço do qual meu pai tirava água para que pudéssemos beber. Para tomarmos banho, a água precisava ser aquecida no fogão e derramada em uma banheira de lata. Isso dava trabalho demais, então papai não o fazia com tanta frequência, pois já trabalhava muito duro a fim de ganhar o que mal dava para nos sustentar. Ele também passava muito tempo fora, trabalhando em serrarias para conseguir nosso sustento.

Para piorar, morávamos em uma região de muitas cascavéis, e algumas delas conseguiam entrar em casa. Havia ainda grandes aranhas, da espécie viúva-negra, com a barriga avermelhada. Ratos horríveis e camundongos também achavam o caminho até nós.

Quando minha mãe me trancava no armário — prática bastante comum —, meu maior medo era que uma das cascavéis, viúvas-negras ou um dos ratos gordos me fizessem companhia. Dava para eles passarem debaixo da porta (havia um vão, pois a porta ficava mais alta que o piso). Dentro do armário, eu sentava em cima do cesto com roupas sujas, abraçando fortemente as pernas, na esperança de que, se alguma dessas criaturas vis e perigosas conseguisse entrar, não me tocaria com facilidade. Mesmo assim, eu sabia que os bichos poderiam chegar até o cesto.

Mamãe não lavava roupa com frequência porque a máquina de lavar ficava do lado de fora, ao lado da casa, e era manual. Papai precisava enchê-la com água do poço aquecida no fogão. Minha mãe lavava as roupas na mão dentro do cilindro da máquina e, então, girava uma manivela para que dois rolos torcessem as peças, uma a uma. Durante os invernos absolutamente gelados e cheios de neve, típicos de Wyoming, esse

O PODER DA ORAÇÃO QUE DOMINA O MEDO

processo não acontecia de jeito nenhum. Ao olhar para trás, não consigo entender como sobrevivemos. Na época, porém, eu não passava de uma criancinha tão tomada pelo próprio medo que não tinha condições de pensar em outras coisas.

A privada externa — era a única de que dispúnhamos, já que não havia encanamento em casa — ficava bem longe e, não raro, deparávamos com uma viúva-negra bem na abertura do vaso de madeira; ela tecia sua teia justamente ali. Era tão assustador que me deixava sem palavras, mas mamãe raramente sentia vontade de andar comigo até lá ou me ajudar de qualquer maneira. Ela deixava bem clara sua irritação sempre que eu corria de volta para casa a fim de contar que tinha uma aranha assustadora em cima do vaso, pois isso significava que ela precisaria sair com um jornal enrolado e então atear fogo nesse papel, para queimar a aranha antes de jogá-la no abismo terrível abaixo. Nosso papel higiênico eram as páginas de catálogos que chegavam pelo correio, porque não tínhamos dinheiro para comprar rolos de verdade. Era luxo demais.

Até onde consigo me recordar, lembro-me de ter medo de mamãe e de seu comportamento imprevisível e ameaçador. Eu também tinha medo do frio extremo, das cascavéis perigosas, da viúvas-negras e dos ratos. Como éramos muito pobres, eu frequentemente ia dormir com fome. Estar faminto e não ter comida em casa, nem maneira de comprar por não haver nenhum dinheiro, é assustador — sobretudo para uma criança. Eu não sabia se algum dia haveria dinheiro. Isso estabeleceu em mim o hábito do medo.

Antes de começar a ir para a escola, no primeiro ano (não havia pré-escola), tive difteria e quase morri. Eu não tinha noção exata do que significava morrer, apenas sabia que não sentiria mais dor. Essa terrível doença me encheu de agonia por tanto tempo que morrer me parecia uma boa ideia. A difteria é uma enfermidade horrível, e não havia vacina para preveni-la na época. Pelo menos foi o que me disseram. Minha mãe acreditava que os médicos — entre muitas outras pessoas — queriam matá-la, por isso nunca se consultava, a menos que fosse forçada. Graças a Deus, o vizinho que morava na fazenda mais próxima, a quilômetros de distância, foi ver se estávamos bem após uma nevasca terrível e descobriu que estávamos isolados pela neve e eu, a ponto de morrer. Ele nos levou de carro para o hospital mais próximo, a trinta e poucos quilômetros, onde o médico fez exames para descobrir o que havia de errado comigo. Nesse meio-tempo, até os resultados ficarem prontos, o vizinho me deu um remédio que, infelizmente, não ajudou em nada.

Quando vieram os resultados, aquele médico bom, gentil e misericordioso descobriu que eu estava com difteria e dirigiu os trinta e poucos quilômetros desde o hospital para tentar encontrar nossa casa durante outra nevasca. Não conseguindo avançar com o carro, caminhou até a fazenda mais próxima e pediu informações sobre como chegar à nossa casa. Para nos encontrar, andou por quilômetros em meio aos campos cobertos de neve. Ainda me lembro de ouvi-lo bater à nossa porta de trás enquanto eu tentava dormir em uma caminha perto do fogão de lenha para me manter aquecida. O médico chegou em meio àquele frio e nos contou que eu estava com difteria. Então me deu uma injeção e, horas depois, comecei a me sentir melhor para engolir um pouco de líquido. Não consegui comer nem beber quase nada durante todo o tempo da doença.

Eu ainda me sentia muito fraca, por causa da difteria, quando comecei a frequentar a escola, que ficava a cerca de trinta quilômetros de distância. Fui colocada dentro de um ônibus para ir a um local onde não conhecia ninguém. Não estava preparada para o barulho e a agitação das outras crianças, por isso sentia muito medo delas. Era um alvo fácil para sofrer *bullying*, em especial por uma turma de meninos que me aterrorizavam e sabiam disso. Eu havia perdido tanto peso que as crianças implicavam ferozmente comigo por ser magra demais. Naquele tempo e lugar, ser "magra demais" não era considerado atraente. Quando chegava à escola, só me sentia segura dentro da sala de aula. Era um ambiente calmo e cheio de paz. E eu amava aprender a ler e escrever. Sempre encontrei refúgio nos livros, e assim seria ao longo de toda a minha vida. Foi lendo e escrevendo que consegui sobreviver.

Todo o medo que eu sentia quando criança se manteve até eu crescer. Para começar, minha mãe só piorou. Ela se tornou ainda mais violenta e ameaçadora comigo. Como sua doença mental prosseguiu sem nenhum tipo de tratamento, a condição progrediu para níveis cada vez mais severos. Mamãe sempre conseguia se controlar na frente de outras pessoas, mas somente por pouco tempo.

Quanto mais velha eu ficava, mais graves eram meus ataques de pânico, minha ansiedade e depressão. Depois que saí de casa para trabalhar e custear minha educação universitária, meu medo de falhar me levava a trabalhar arduamente em qualquer emprego que conseguisse a fim de me sustentar e ter um lugar seguro no qual pudesse ficar. Eu sabia que precisava me formar e desenvolver habilidades para nunca ter de viver de um contracheque a outro, sem jamais conseguir planejar a vida, como meus pais. Fiz um empréstimo estudantil somente por um semestre na faculdade, e logo percebi a inutilidade de contrair aquele tipo de dívida. Eu temia nunca conseguir quitá-la. Era um fardo que não estava disposta a carregar, então trabalhava de noite, aos fins de semana e durante o verão para ganhar dinheiro suficiente e bancar cada semestre. Por trás de todo o trabalho duro, sempre havia o medo de falhar e das possíveis consequências que isso teria. O fracasso não era uma opção para mim, pois voltar a viver em um apartamento com minha mãe estava totalmente fora de cogitação.

O medo me oprimia e controlava minha vida. E tomei decisões ruins por causa disso.

O medo pode entrar em nossa mente e tomar conta de nós

Ninguém passa pela vida sem enfrentar lutas, sofrimento ou perda. Tememos essas coisas, mas podemos começar a superar esses temores agora mesmo dizendo: "Deus não me deu um espírito de medo". O espírito de medo nos controla. Não estou falando sobre quando você se sente temerosa acerca de algo, o que pode ser uma sugestão do Espírito Santo para adverti-la a seguir outro rumo ou conferir se a porta de casa está trancada. Estou falando do real espírito de medo. Você sabe quando ele acontece porque o sente de fato. Ele sobe por suas costas como um cobertor molhado e você não consegue tirá-lo dali.

Por causa de minha mãe, quando eu estava no ensino médio nunca podia arriscar convidar alguém para ir até nossa casa. No entanto, desenvolvi uma forte amizade com uma menina da minha sala que fazia aulas de teatro, assim como eu. Participávamos juntas das peças da escola, por isso passávamos muito tempo ensaiando e conversando. Tínhamos bastante afinidade e conseguíamos partilhar uma com a outra mais de nosso passado do jamais havíamos contado para alguém. A experiência dela era muito semelhante ao que eu vivenciava com minha mãe mentalmente doente, com a diferença de que a mãe dela era alcoólatra. Apesar dos detalhes distintos, as consequências para nós duas eram praticamente as mesmas. Ela também não podia levar ninguém para casa. Certo dia, passei na casa dela depois da aula a fim de pegar uma cópia do roteiro da peça para podermos ensaiar e encontramos sua mãe deitada no chão. Minha amiga havia me advertido que isso poderia acontecer. Fomos embora o mais rápido possível.

Quando nossas mães entravam naquele mundo autocentrado e tinham episódios de loucura, nós nos sentíamos abandonadas e rejeitadas. Ambas reconhecíamos que não podíamos contar com a proteção física, mental ou emocional de nossas mães. Nós nos sentíamos gratas por haver encontrado uma amiga que entendia por completo os problemas e com quem podíamos compartilhar aquela enorme parte oculta de nossa vida.

Quanto mais maldoso e horrível era o comportamento de nossas mães, mais nossos pais tentavam minimizar o comportamento delas. Ambos pareciam pensar que o tratamento que recebíamos de nossas mães não era um problema tão grande. Eles toleravam, logo estava claro que nós podíamos suportar também. Aliás, sempre que eu pedia ajuda a meu pai, ele dizia: "Apenas a ignore".

"Não dá, pai", eu respondia quando adolescente. "Eu cresci com a loucura dela. Você só a conheceu depois dos 30 anos. Já era um adulto formado e teve escolha. Eu não tive escolha nenhuma quanto a ser aterrorizada e torturada pela violência e insanidade dela."

O pai de minha amiga dizia praticamente a mesma coisa. Eles não ajudavam em nada, a não ser pela presença, que, sem dúvida, nos impediu de sermos destruídas por nossas mães.

Minha mãe me dizia sem parar: "Eu não tive isso, então por que você deveria ter?", "Eu não tinha mais que um par de sapatos baratos por ano, então por que você deveria ter mais?". Ela desconsiderava o fato de que, além de já terem ficado pequenos, os sapatos estavam com as solas soltas e precisavam ser colados todos os dias. Ela ficou furiosa quando eu lhe disse que planejava fazer faculdade: "Eu não fui para a faculdade, então por que você deveria ir?". O pai de mamãe acreditava que era desperdício de dinheiro investir na educação de uma mulher, já que o máximo que ela faria seria casar e ter filhos, portanto a educação formal feminina seria o mesmo que jogar tempo e dinheiro fora. Era um pensamento comum entre as pessoas pobres que haviam atravessado a Grande Depressão, uma época em que o dinheiro era bastante escasso. Muitos dessa geração passaram a vida inteira com medo da possibilidade de que a grande crise se repetisse. Quem pode culpá-los?

Depois de estudar em universidades diferentes, com vinte e poucos anos minha amiga e eu nos reencontramos em Hollywood, onde ambas conseguimos emprego e dividimos um apartamento. Naquela época, nossos medos se manifestavam de maneiras diferentes. Eu era assolada por depressão e ansiedade, e ela havia desenvolvido fobias múltiplas. Aos 28 anos, depois de experimentar drogas, ocultismo, religiões orientais e relacionamentos ruins, eu aceitei o Senhor. Foi só então que a *minha* vida começou a acontecer. Mas minha amiga estava com agorafobia, que a deixava com medo de sair de casa até para ir ao supermercado. Nessa época, morávamos em casas separadas. Enquanto eu tentava ajudá-la com isso, ela permitiu que lhe contasse minha experiência de aceitar o Senhor e relatasse quanta libertação do medo e da ansiedade eu havia encontrado. Ela conseguiu perceber que minha experiência era real e que eu havia sido transformada. Eu a conduzi ao Senhor, e ela permitiu que eu a levasse à igreja. Depois disso, eu orava com ela quase todos os dias e a incentivava a ler com seriedade a Bíblia que lhe dera. Aos poucos, aquele medo debilitante foi se acalmando o suficiente para ela ir sozinha à igreja. Foi uma superação extraordinária. As situações assustadoras que minha amiga e eu sofremos quando crianças haviam se infiltrado tanto em nossa mente que, muito embora as coisas que temíamos não fossem mais uma ameaça direta, nós ainda nos comportávamos como se fosse assim. Parece que, quanto mais aterrorizantes eram as lembranças e quanto mais jovens havíamos experimentado as situações que as registraram, mais profundamente elas tinham sido gravadas na mente e no coração e maior era a dificuldade para superá-las.

Quando passamos por experiências traumáticas, as memórias passam em nossa mente vez após vez, como um clipe que se repete continuamente. Isso ocorre sobretudo se o causador do trauma foi a pessoa mais importante de nossa vida na época. Essas experiências entram em nossa mente e se infiltram em nós de tal modo que sentimos medo implacável e desenvolvemos uma sensação constante de insegurança e tragédia iminente. Nesse cenário, o medo toma conta de nossas emoções e começa a controlar nossa vida.

O medo pode se tornar uma obsessão

Você já pesquisou sobre a palavra "fobia"? É chocante! Há exemplos incontáveis de medos específicos que se tornam

O QUE O MEDO PODE FAZER CONOSCO?

irracionais quando encontram morada permanente na cabeça de uma pessoa. Eles parecem se tornar parte do indivíduo e controlar a vida dele.

Quando sentimos medo extremo e traumático — sobretudo se não houver ninguém para conversar conosco e nos ajudar a descer o desfiladeiro e atravessar a parte irracional dessa experiência — podemos nos tornar fóbicos. Isso significa que somos acometidos por temor extremo mesmo que a fonte desse medo já tenha se dissipado. E um medo (ou fobia) irracional pode levar a outro. Esse infindável ciclo disfuncional nos abre para o "espírito de medo" mencionado de forma profunda na Bíblia.

Passei por todas essas etapas até que um espírito de temor me dominou de tal maneira que eu não conseguia escapar. Naquela época, não entendia que todos aqueles medos estavam ligados ao fato de eu ter sido trancada em um armário, sofrido abusos e ficado vulnerável a todos os perigos que entravam ali dentro para me machucar. Eu tentava esquecer tudo aquilo e deixar o passado para trás, mas ele me seguia por toda parte. Tudo que eu sabia era que estava presa em uma armadilha. E não conseguia fugir.

Eu tinha um medo aterrorizante do escuro (nictofobia), medo de lugares confinados (claustrofobia), medo de ficar trancada em um lugar fechado (clitrofobia), medo de andar de avião (aviofobia), medo de cobras (ofidiofobia) e, especificamente, medo de objetos perfurantes (belonofobia). Cheguei ao ponto de temer a insanidade (maniafobia). Eu tinha medo de acabar como minha mãe, pois pensava: "Se nunca conseguir me livrar dela, é possível que eu me envolva em seu mundo louco".

Mesmo depois de me tornar cristã, eu tinha um medo de ser esquecida (atazagorafobia) que persistiu por alguns anos.

Eu temia ser insignificante a ponto de morrer e Deus não perceber nem se lembrar de me levar para o céu. Era um terror genuíno, até que minha caminhada com o Senhor se aprofundou e comecei a conhecê-lo melhor. Depois de ler bastante a Palavra e sentir o amor e o poder divinos o suficiente para me convencer de que esse tipo de esquecimento era impossível, cada um desses temores foi embora e, aos poucos, me tornei completa. (Adiante no livro, explicarei mais sobre como o Senhor nunca se esquece de nós — nunca!)

Muitas pessoas temem perder o controle da própria vida. Têm medo de se verem envolvidas em algo de que não gostam e não encontrar maneira de escape. O risco assusta as pessoas, bem como a confrontação. A maioria dos seres humanos aprecia o sono, porque é um escape e um período de renovação. Para os fóbicos, porém, até o sono é assustador. O medo do sono (somnifobia) os leva a acreditar que podem perder o controle e nunca acordar, ou que coisas ruins podem acontecer enquanto estão dormindo, sem que consigam impedir.

Muita gente desenvolve o medo do escuro (nictofobia) e, comumente, uma condição que o acompanha: o medo de fantasmas (espectrofobia). Existe também o medo de ser ridicularizado (catagelofobia) — ninguém quer sofrer zombarias, mas muitas pessoas fazem coisas extremas a fim de evitar esse risco. Existe o medo de explosões atômicas (atomosofobia) — todos as receamos, contudo, para a maioria, isso não afeta a vida cotidiana.

Quando jovem, antes de me entregar ao Senhor, eu acordava no meio da noite com uma sensação imaginária de ardência no rosto, temendo que uma bomba atômica tivesse sido jogada sobre nós. Isso porque, na escola, meus colegas de classe e eu fomos treinados a ir para debaixo das carteiras para nos proteger de explosões com bombas. É claro que, mais tarde, quando assistimos a documentários sobre as consequências de bombardeios e sobre como as pessoas eram queimadas, confirmaram-se nossas suspeitas de que as carteiras não protegeriam de absolutamente nada.

Minha mãe tinha medo de jogar coisas fora (disposofobia). Era uma acumuladora, mas não como os retratados na televisão. Só dava para conhecer essa sua característica depois de abrir seus armários, a garagem ou o depósito — entulhados de coisas até o teto. Ela tinha medo de precisar novamente daquelas coisas e não conseguir comprar. No entanto, mamãe guardava e armazenava tantos objetos que tudo acabava se tornando totalmente inútil.

Muita gente da geração de minha mãe fazia a mesma coisa, mas a maioria das pessoas não quer viver com tralha. Sentem-se melhores quando limpam, organizam e doam ou vendem o excesso. Ficam mais livres e leves, com menos fardo e até mais saudáveis quando se livram de coisas que não estão usando e outros necessitam. As pessoas acometidas por medo destrutivo se apegam a coisas sem utilidade, para seu próprio prejuízo.

Ao ler mais sobre fobias, descobri algumas interessantes que não tive e que, por isso, fizeram que eu me sentisse melhor em relação àquelas que dificultavam minha vida. Por exemplo, há o medo de livros (bibliofobia), de se sentar (catisofobia), de cores (cromofobia), de números (aritmofobia), de flautas — isso mesmo, de flautas — (aulofobia). Existe também o medo da França (francofobia), de queixos (geniofobia), de coisas à esquerda do corpo (levofobia), de cordas (linonofobia) e dos habitantes do sul da Bélgica, os valões (valonofobia). É confortante saber que nenhum desses temores jamais entrou em minha mente.

É possível ter medo de qualquer coisa, conforme comprova a grande lista de fobias. Aliás, existe uma fobia que corresponde ao medo de tudo (pantofobia). Que infeliz e aprisionada deve se sentir a pessoa que passa por isso! Também já li sobre o medo de pensar (fronemofobia). Creio que conheci algumas pessoas assim no passado. Sem dúvida, não era eu. Pelo contrário, eu poderia ser acusada de pensar em excesso nas coisas. A dificuldade de fazer minha mente desligar — em especial quando precisava dormir — era um problema sério para mim.

Ainda que não possa imaginar as razões de todos esses medos, tenho certeza de que elas existem. E, claro, não estou menosprezando o medo experimentado por outras pessoas. Eu mesma tive tantos temores que, sem dúvida, outros não teriam condições de entender. Embora muitas pessoas possam ter alguns medos em comum, nossos temores são tão individuais quanto as experiências que tivemos na vida. O motivo para esses receios permanecerem conosco por tanto tempo é a falta de conhecimento da verdade, isto é, daquilo que Deus e sua Palavra dizem sobre os medos. Parte significativa do processo de nos livrarmos de nossos medos consiste em termos o amor transformador de Deus *dentro* de nós, convidando o Senhor para operar com seu poder *por meio* de nós e, assim, podendo desfrutar da saúde mental que ele nos concede.

O medo pode se transformar em pensamentos do tipo "E se...?" e encher a vida de tristeza

Ao nos livrarmos de nossos temores, também precisamos deixar de fora os pensamentos do tipo "E se...?", que podem nos levar à loucura. Eles não promovem a sanidade mental que Deus planejou para nós.

Muitos de nossos medos vêm de pensamentos do tipo "E se...?" sem solução. "E se eu falhar?", "E se eu não conseguir?", "E se eu sofrer um acidente com sequelas permanentes?", "E se eu não me recuperar dessa doença?", "E se algo mau acontecer com um dos meus filhos?", "E se eu nunca encontrar alguém para me casar?", "E se meu casamento terminar em divórcio?", "E se eu não conseguir superar este problema?", "E se eu não conseguir fazer o que preciso?", "E se eu acabar sozinho na vida?", "E se eu não tiver o suficiente para comer?".

A síndrome do "E se...?" pode ser debilitante e fazer a vida parecer fora de controle. Precisamos reconhecer que não temos domínio sobre nós mesmos. Não há maneira de fazer isso. O que de fato podemos fazer é pedir a Deus que esteja no controle de nossa vida. Podemos aprender o que a Palavra do Senhor diz sobre o medo e nos apoiar sobre sua verdade e suas promessas, que nos libertam das garras do medo sufocante. E necessitamos fazer isso a fim de nos apropriar de tudo que Deus tem para nós.

Assim como o forte medo de adoecer pode nos deixar doentes de verdade, os pensamentos do tipo "E se...?" são capazes de nos levar à loucura. Precisa chegar o momento de nos levantarmos e dizermos aos medos: "Parem!", e então entregarmos todos os temores ao Senhor, pedindo-lhe que assuma o controle de nossa vida e remova cada medo que sentimos.

Os temores do tipo "E se...?" podem nos impedir de fazer aquilo que necessitamos realizar. Não estou dizendo que não podemos servir a Deus se tivermos medo de alguma coisa. Se fosse assim, a maioria de nós jamais faria nada. Todos os grandes líderes da Bíblia temiam algo. E muitos temiam exatamente aquilo para que Deus os chamava — desde Adão, amedrontado no jardim do Éden, até Jesus, que experimentou o medo diante da perspectiva de suportar a tortura da cruz.

O rei Davi orou pedindo livramento das adversidades, dizendo: "Meus problemas só aumentam; livra-me de toda a minha angústia!" (Sl 25.17). Enquanto se escondia de seu inimigo em uma caverna, ele também disse: "Vou perdendo todo o ânimo; estou tomado de medo" (Sl 143.4). Você já se sentiu assim? Era exatamente dessa maneira que eu me sentia antes de conhecer o Senhor e seu amor e poder.

Até Moisés teve medo de não conseguir se comunicar bem o suficiente para confrontar o faraó — que era exatamente o que Deus o chamava a fazer: "Moisés, porém, disse ao Senhor: 'Ó Senhor, não tenho facilidade para falar, nem antes, nem agora que falaste com teu servo! Não consigo me expressar e me atrapalho com as palavras'. O Senhor perguntou a Moisés: 'Quem forma a boca do ser humano? Quem torna o homem mudo ou surdo? Quem o torna cego ou o faz ver? Por acaso não sou eu, o Senhor? Agora vá! Eu estarei com você quando falar e o instruirei a respeito do que deve dizer'. 'Por favor, Senhor!', suplicou Moisés. 'Envia qualquer outra pessoa!'" (Êx 4.10-13).

Mesmo depois de receber de Deus a capacidade de fazer aquilo para que o próprio Senhor o havia chamado, Moisés ainda estava com medo e insistiu que Deus encontrasse outra pessoa para falar. Seu medo era maior que sua fé na habilidade divina de realizar milagres por meio dele, muito embora o Senhor tivesse acabado de operar milagres bem diante de seus olhos.

Independentemente de que tipo seja, o medo pode assumir o comando de nossa vida e nos controlar. É isso que o inimigo de nossa alma deseja. E nós permitimos. Tudo porque não conhecemos a verdade que nos liberta.

Conforme você sabe muito bem, no mundo há quem se dedique a servir o inimigo de nossa alma impondo medo no coração das pessoas por meio de atos terríveis. Os discípulos de Jesus tinham temores frequentes, mas o amor por Cristo e a caminhada ao lado dele os inspiraram a enfrentar a fonte de tais receios. E Deus permaneceu com eles.

Deus está conosco também. Contanto que nós estejamos com ele.

O reconhecimento do medo pode ser o primeiro passo rumo à liberdade

Tenho dificuldade de imaginar uma infância e um passado tão paradisíacos que a pessoa jamais tenha medo de nada. Parece que toda época e lugar apresentam condições assustadoras e perigosas. Essa é a natureza de um mundo caído que se rebela contra Deus e se desvia de seus caminhos. No mundo atual, em que as informações se espalham de maneira instantânea, podemos ficar sabendo de todo problema que há. E algumas pessoas recebem uma "sobrecarga de problemas" tão grande que nem sentem vontade de assistir ao noticiário ou mesmo escutá-lo. Talvez essa não seja uma ideia ruim. Às vezes, é melhor saber o suficiente para poder orar sobre a questão, mas conhecer mais sobre a Palavra de Deus, lendo-a ou ouvindo-a. Com orações e o conhecimento da Palavra de Deus, temos condições de limitar os amplos efeitos da constante chegada de notícias ruins.

Nunca vi o medo tão disseminado e dominante entre as pessoas quanto hoje. E isso se aplica até mesmo a indivíduos que outrora não eram temerosos. Gente que nem conheço muito bem já respondeu "Estou com tanto medo!" quando cumprimentei com um "Como vai?". Quando pergunto do que exatamente têm medo, as respostas variam. Para alguns, são problemas pessoais. Para outros, é a disseminação do mal e da violência. Para outros ainda, é um desastre financeiro e a economia instável do país. Muitos sentem medo de doenças terríveis e de ficar inválidos por causa delas. Qualquer que seja o medo, as pessoas de todo o mundo reagem da mesma forma. Percebo um caráter contagioso no espírito de medo, algo que pode infectar as pessoas quase como um medo coletivo.

"Coração partido" é a descrição perfeita para a depressão. O rei Davi disse: "Os insultos deles me partiram o coração; estou desesperado! Se ao menos alguém tivesse piedade de mim; quem dera viessem me consolar" (Sl 69.20). Esses insultos equivalem à rejeição. Outro salmista disse: "Minha alma chora de tristeza; fortalece-me com tua palavra" (Sl 119.28).

A consequência final do medo é ilustrada nas Escrituras: "As pessoas ficarão aterrorizadas diante do que está prestes a acontecer na terra, pois os poderes dos céus serão abalados" (Lc 21.26). A mera expectativa de coisas ruins pode nos colocar em risco de falha cardíaca.

Não é segredo nenhum que o medo pode matar. É por isso que precisamos levar os temores a sério e saber quais passos tomar a fim de nos livrar deles. O medo nos enfraquece. "Naquele dia, se anunciará em Jerusalém: 'Anime-se, ó Sião! Não tenha medo!'" (Sf 3.16). O temor que nos aprisiona e prossegue por tempo indeterminado pode enfraquecer nosso músculo cardíaco também.

Não se trata necessariamente do que tememos, mas, sim, do que permitimos que se apodere de nós. Por exemplo, quando o medo de cobras é tão extremo que ficamos obcecados com elas e imaginamos todos os encontros possíveis com uma serpente — a ponto de sentirmos frio na barriga só de pensar nisso —, mesmo sem qualquer ameaça imediata, nossas energias se esgotam. O medo de cobras se transforma em um espírito apavorante que entra furtivamente em seu interior, instala-se e toma conta a ponto de deixá-la paralisada de temor. Isso limita sua vida e a deixa fraca. Mexe com sua mente e a torna instável. Mas Deus pode libertá-la de tudo isso.

Sempre que ouvir as palavras "E se...?" ecoando em sua mente acerca daquilo que você mais teme, encare o medo na mesma hora, orando de maneira específica por ele. Por exemplo, se você pensar, como eu costumava fazer: "E se eu tropeçar e cair quando subir na plataforma?", não dê chance para esse tipo de possibilidade. Talvez o medo lhe venha à mente por um motivo. Não permita que se transforme em um medo enraizado pelo inimigo, mas também não o ignore. Reconheça que, ao caminhar com o Senhor, você depende dele para tudo. Ore: "Senhor, ajuda-me a caminhar no chão firme ao subir os degraus até a plataforma. Não permitas que eu tropece. Tira de mim todo pânico e medo. Dá-me uma mente calma e um espírito sereno".

Orar a respeito de tudo que a deixa assustada é o próximo grande passo para se livrar do medo.

Bons conselhos são úteis quando se trata de medos incontroláveis, mas o que nos liberta por completo é a verdade que vem de Deus. O Senhor diz que o espírito do medo não vem dele. Em vez disso, recebemos seu poder, seu amor e autocontrole. Isso me leva a crer que uma mente tomada pelo medo é descontrolada. Aliás, quanto mais o medo toma conta de nós, mais perturbados ficamos. Deus deseja que cada um de nós receba a mente sã que ele tem para nós. Para fazer isso, precisamos crer totalmente no que ele diz e permanecer firmes nos fundamentos de suas promessas. Precisamos dizer, vez após vez, sempre que sentirmos esse tipo de medo avassalador: "Deus não nos deu um Espírito que produz temor e covardia, mas sim que nos dá poder, amor e autocontrole" (2Tm 1.7). Faça isso com frequência e repita o mais alto que puder até acreditar de modo veemente nessas palavras.

Leia a verdade, *creia* na verdade, *fale* a verdade e *ore* para que a verdade divina o liberte. Essa é minha oração por você.

A consequência final do medo irrefreado é a morte. Ele pode fazer nosso coração parar se estivermos frágeis e assustados o bastante para tal. Não precisamos deixar que a situação chegue tão longe. Você não precisa viver com medo, e a razão para isso é bem clara: quando aceitou o Filho de Deus, Jesus, você se tornou filha de Deus também e tem uma herança que vem dele. Parte de sua herança é uma mente sã, autocontrolada.

A Bíblia diz sobre aqueles que aceitam a Jesus: "O seu Espírito confirma a nosso espírito que somos filhos de Deus. Se somos seus filhos, então somos seus herdeiros e, portanto, co-herdeiros com Cristo" (Rm 8.16-17).

Conheço casos demais de pais que deixaram heranças desiguais para os filhos. Tudo foi para um deles, e os outros ficaram sem nada. Ou um dos filhos ficou de fora, enquanto os outros receberam sua porção. Essa punição a um filho depois que o pai já está na sepultura causa prejuízos irremediáveis à vida do excluído. Igualmente ruim é o comportamento de pais que não escrevem um testamento, como se jamais fossem morrer, não se importando com o que acontecerá com os filhos depois disso e com as incertezas que precisarão enfrentar. Graças a Deus porque ele nunca faz isso! Temos uma herança da parte dele, a qual partilharemos com seu Filho mais velho. E quando o aceitamos em nosso coração, o acordo é selado.

Não importa quais foram as experiências que a tornaram temerosa, é possível deixar o medo para trás. Você não precisa viver em tortura e deixar-se limitar por seus temores. Contudo, primeiro é preciso se concentrar na fonte de sua libertação, não na fonte dos temores. É bom reconhecer seus medos e encará-los ao examinar cada um, para entender de onde vêm.

Talvez, diferente de mim, você não tenha uma vida dominada pelo medo. Mas, em seu cotidiano, você pode ver ou ouvir algo que a amedronte o suficiente para afetar seu sono, suas forças, sua saúde, seu trabalho, seus relacionamentos ou sua tomada de decisões. Quando isso acontecer, peça a Deus que lhe mostre qualquer temor do qual ele deseja libertá-la. O Senhor quer que você se aproxime dele em oração e na Palavra, a fim de lhe dar a paz que excede todo entendimento. Quem não necessita disso?

O contrário de ser medroso é ser ousado, corajoso, audacioso, destemido, valente, intrépido, confiante, sereno e convicto. Com frequência, fazemos nosso melhor para aparentar aos outros o que essas palavras descrevem, enquanto acobertamos o medo subjacente que mora em nosso coração. Não deixe isso acontecer com você.

Não permita que o medo controle sua vida. Faça aquilo que Deus diz e seja liberta do medo. Volte-se de maneira deliberada para aquele que a ama mais que você a si mesma e convide o amor, a paz e a alegria que vêm dele para preencher sua vida. Isso pode mudar tudo!

– Poder da oração –

Senhor, peço-te que reveles qualquer medo que eu tenha e que esteja afetando minha vida de maneira negativa, para que eu seja liberta dele. O único temor que eu aceito é aquele que tu permites a fim de me despertar para aquilo que queres que eu entenda. Se abri espaço em meu coração para o medo, confesso esse pecado a ti, pois evidencia minha falta de fé na proteção que vem de ti e de tua Palavra. Perdoa-me e ajuda-me a permanecer firme contra o medo, e assim serei completamente liberta.

Sei que tu nunca me darás um espírito de covardia, pois isso afetaria e limitaria minha vida. Muito obrigada por me ofereceres teu amor incondicional e perfeito que lança fora todo medo (1Jo 4.18). Ajuda-me a me abrir e a aceitar a medida plena do teu amor e também a plenitude do teu Espírito de amor em meu coração pelos outros.

Obrigada por me dares acesso ao teu poder por intermédio do teu Espírito Santo, que me capacita a viver a vida que tu planejaste para mim. Ensina-me a me apropriar da mente clara e saudável que me deste, para que eu possa resistir com firmeza a qualquer erro de pensamento ou instabilidade em meu raciocínio.

Ajuda-me a jamais dar lugar a qualquer medo irracional ou a permitir que ele ocupe minha mente ou minha vida de algum modo. Mostra-me se há em mim algum medo que tenha produzido doença ou enfermidade, para que eu possa ser curada. Conserva meu coração firme para que ele jamais falhe por causa do medo. Obrigada por seres muito maior que qualquer coisa que eu venha a temer.

Em nome de Jesus, amém.

– Poder da Palavra –

Vocês são verdadeiramente meus discípulos
se permanecerem fiéis a meus ensinamentos.
Então conhecerão a verdade, e a verdade os libertará.
João 8.31-32

O SENHOR é minha luz e minha salvação;
então, por que ter medo?
O SENHOR é a fortaleza de minha vida;
então, por que estremecer?
SALMOS 27.1

Digam aos de coração temeroso: "Sejam fortes e não temam,
pois seu Deus vem para vingar-se de seus inimigos;
ele vem para salvá-los".
ISAÍAS 35.4

Por que você está tão abatida, ó minha alma?
Por que está tão triste? Espere em Deus!
Ainda voltarei a louvá-lo,
meu Salvador e meu Deus!
SALMOS 42.5-6

Espere pelo SENHOR e seja valente e corajoso;
sim, espere pelo SENHOR.
SALMOS 27.14

2
Qual é o nosso maior medo?

A maioria das pessoas tem mais medos do que revela abertamente. E podem temer coisas diferentes em momentos diferentes. Todos temos medo de coisas perigosas ou dolorosas que, de alguma forma, ameaçam nosso bem-estar. E, além de ameaçar a nós mesmos, colocam em perigo aqueles que amamos e com quem nos importamos. Existem alguns medos básicos e comuns que muita gente tem, e é bom reconhecer o que são para ver se estamos enfrentando algo parecido com eles. Também é bom ter a companhia de Deus e de sua verdade para combater tais temores. A seguir, descrevo alguns deles.

Medo de ficar preso em lugares escuros e apertados e das coisas sombrias que eles podem abrigar

Você, ou alguém que você conhece, já teve medo de ser confinada em um lugar pequeno e escuro, com a possibilidade de haver ali criaturas ou pessoas nojentas e pegajosas? Ou já se assustou quando uma aranha atravessou o chão em sua direção ou passou perto do seu braço? Já gritou de terror e alguém veio correndo em sua direção para ver quem era o sujeito perverso que a ameaçava e, do lugar alto onde estava, você apontou para a aranha assustadora e gritou: "Ali!"? Então, a pessoa olhou naquela direção sem entender nada e perguntou: "Onde?" Você está aterrorizada, como se sua vida corresse perigo. E tudo que o outro vê é uma aranha. Você está cheia de pavor, e a pessoa que a ajuda tenta descobrir por quê. Com calma, ela mata o bicho enquanto você continua em cima do sofá ou da cadeira, orando para que ninguém se aproxime com aquela carcaça desfigurada. Eu me identifico muito mais com essa situação do que gostaria. Eu era profundamente afetada por um medo imenso de lugares pequenos e escuros, e das criaturas nojentas que poderiam estar lá dentro. Sei que isso aconteceu porque era trancada com frequência por minha mãe naquele armário pequeno e escuro, e eu achava que aranhas e cobras poderiam estar ali dentro também.

Foi só depois de aceitar o Senhor que me vi liberta do medo de lugares escuros e apertados e das coisas nojentas que poderiam estar ali. Mas, antes disso, tentei me livrar por conta própria. Na tentativa de superar o medo e a ansiedade avassaladores que arruinavam minha vida, procurei a ajuda de um psicólogo renomado. Ele pediu que eu descrevesse em detalhes o armário debaixo das escadas no qual eu ficava trancada na velha casa rural. O terapeuta disse que, com frequência, a descrição da fonte do medo o torna menos ameaçador. Achei útil, mesmo não tendo conseguido me livrar do medo associado a toda essa experiência.

Quando fiz terapia com esse psicólogo, ele me disse que voltar a olhar algo que nos assusta pode levar ao reconhecimento de que aquilo não é tão terrível quanto em nossas memórias. Por isso, decidi viajar para Wyoming e visitar o velho rancho. Dois parentes meus sabiam exatamente onde ficava, então fui de avião até a cidade e eles me levaram de carro àquela casa rural. Era exatamente como eu me lembrava. Eu conhecia toda a disposição da propriedade — inclusive a

QUAL É O NOSSO MAIOR MEDO?

ferraria, o galinheiro, o curral para os cavalos, o campo para as vacas e o depósito para guardar os equipamentos agrícolas. E eu conhecia cada detalhe da pequena casa de pedra. Absolutamente nada havia mudado. Ela tinha sido abandonada e parecia que ninguém morava ali havia anos, se é que alguém tinha vivido lá depois que fomos embora. Meus parentes haviam escutado que o vale se transformaria em uma represa e logo ficaria totalmente submerso. Senti-me grata por ter conseguido fazer a visita antes que isso acontecesse.

Encontrei uma janela aberta e pulei para dentro da cozinha, ignorando as advertências de minha família para que não fizesse isso, já que aquela era uma propriedade privada e poderíamos ser presos ou levar tiros dos donos caso eles chegassem e nos encontrassem lá. Comuniquei aos meus parentes que precisava ver aquele armário e que não havia chegado tão longe para ir embora sem essa experiência. Eles ficaram do lado de fora. Lá dentro, eu conhecia cada pedacinho da casa, mas ela parecia ainda menor do que eu me lembrava. Imediatamente enxerguei o armário debaixo das escadas, entre a cozinha e a sala. Abri a porta para ver seu interior.

Tudo ali dentro estava coberto de pó e inúmeras teias de aranha. Tinha cheiro de mofo e de coisas velhas. Eu ainda tinha medo de encontrar uma cascavel ou algumas viúvas-negras entre as teias, por isso não me animei a entrar. Em meio às teias, havia umas tábuas e tralhas sem valor. É claro que não encostei em nada, mas fiquei chocada ao perceber como o armário era minúsculo.

Não subi as escadas, pois os dois pequenos quartos situados na parte de cima sempre ficavam muito lotados e não eram nada convidativos. Não tinha interesse em vê-los, mesmo que tivesse tempo de sobra.

No piso da lareira de pedra na miúda sala de estar ficava o velho e pesado ferro de passar de mamãe. Lembrei-me de como ela o colocava em cima do fogão a lenha na cozinha até estar quente o bastante para passar a roupa. Isso não acontecia com muita frequência; apenas quando íamos à cidade fazer compras ela se dava ao trabalho de passar algo para vestir.

Recordei a verdadeira jornada que empreendíamos pelas montanhas, em uma estrada de terra pedregosa, para sair de carro daquele lugar. Primeiro precisávamos atravessar o riacho atrás de nossa casa a fim de subir a colina até a estrada principal. Às vezes, quando o riacho enchia depois de uma chuva forte, a água subia tanto que impedia a passagem. Quando nossa velha caminhonete não conseguia atravessar o riacho, precisávamos recorrer à nossa égua, Bessie, que nos levava pelo morro íngreme até a estrada, a fim de buscarmos a correspondência.

Todas essas lembranças me inundaram instantaneamente. Mas o armário não parecia nem de perto tão ameaçador quanto como em minha infância, quando eu era trancada ali dentro. Isso me ajudou a amenizar o medo, embora não tenha me livrado dele por completo. Faltava um aspecto bem importante para a real liberdade: a verdade.

Se há lugares, acontecimentos ou memórias escuros e assustadores em sua vida, é possível que voltar para vê-los novamente da nova perspectiva de sobrevivente ajude a superar os traumas. Por vezes, há lugares sombrios dentro de nós, para os quais hesitamos olhar, com medo do que encontraremos. Qualquer que seja esse medo, necessitamos da verdade e do amor de Deus para nos capacitar a ficar livres por completo.

Medo do mal ao nosso redor e sentimento de impotência

Quando eu era criança, não tinha controle sobre nada em minha vida. Creio que a sensação de não ter domínio sobre aquilo que tememos é um fator muito importante para que sejamos torturados pelo medo. O medo tremendo que eu sentia de andar de avião era extremamente forte por esse motivo — eu não tinha controle algum sobre nenhuma parte do processo. Era como me esconder debaixo de uma carteira na escola para ser protegida caso caísse uma bomba atômica em cima de nós. Acho que eu sempre soube quanto isso era inútil.

Todos tememos o mal ao nosso redor. Sabemos quanto ele é perigoso e que não se pode controlá-lo. Muitas vezes, o mal que mais tememos pode ser visto pela televisão — às vezes ao vivo —, quer ocorra em outra parte do mundo, quer aconteça bem perto de nossa casa. A cada dia, as armas disponíveis aos propagadores do mal e do medo se tornam mais assustadoras. E o motivo para as pessoas más fazerem esse tipo de coisa é saberem que isso nos enfraquece mental, emocional e fisicamente.

Quem pode se sentir seguro quando tantas armas de destruição em massa estão disponíveis para ser lançadas sobre nós se alguém decidir fazê-lo e for louco o bastante para isso? Nos Estados Unidos, já houve grandes líderes que ajudaram a população a não se prostrar diante do medo, nem ceder às exigências do mal, porém existe apenas um líder capaz de curar nossas feridas e nos conduzir à sua paz, que excede todo entendimento. A Bíblia diz: "Por que terei medo quando vierem as dificuldades, quando inimigos perversos me cercarem?" (Sl 49.5). Temos acesso ao maior poder do mundo e à paz em meio às piores circunstâncias. Temos um Deus que nos ama o bastante para nos ajudar de maneira extraordinária. (Leia mais sobre isso no próximo capítulo.)

Medo de ser insignificante, sem importância ou invisível

Se já nos fizeram sentir como se fôssemos descartáveis, inconvenientes, não amados, insignificantes, sem importância, em nada especiais ou como se não valêssemos nada na vida, esse medo nos assombra com força todos os dias. Era assim que eu era forçada a me sentir, pois essas são algumas das palavras exatas que minha mãe me dizia quando eu era criança.

Depois que minha mãe morreu, na casa dos sessenta anos, papai me contou que os dois haviam decidido não me dizer nada de bom sobre mim, para que eu não crescesse convencida ou arrogante. E isso funcionou muito bem, pois cresci ansiosa, deprimida, medrosa e com tendências suicidas. Sei que aquela época era sombria no que se refere à criação de filhos. As crianças deveriam ser vistas, não ouvidas — ou, em meu caso, nem um, nem outro. Mas, mesmo para aquele período, tal ideia foi levada ao extremo.

Comecei a escrever minha autobiografia depois da morte de minha mãe. Na época, eu era casada e tinha dois filhos pequenos. Eu vinha orando para que Deus a curasse e um dia ela ficasse com a mente boa para conhecer ao Senhor como seu libertador, mas ela só piorava. Enfim, terminei de escrever o livro. Antes do lançamento, meu esposo, eu e nossos filhos saímos de Los Angeles e viajamos cerca de quatro horas rumo ao norte, até a pequena fazenda de meu pai. Eu precisava que ele lesse o livro e assinasse uma autorização pessoal, pois a obra falava bastante dele e ele poderia considerá-la uma invasão de privacidade. Enquanto o nome de outras pessoas havia

QUAL É O NOSSO MAIOR MEDO?

sido deliberadamente alterado a fim de proteger a privacidade delas, meu pai seria identificado, e eu queria garantir que ele estaria bem com isso. Eu sabia que algumas partes do livro seriam muito difíceis para ele ler. Papai descobriria algumas das coisas terríveis que eu fizera na vida, e eu tinha medo de como ele reagiria. Muito embora eu tenha escrito bastante sobre os abusos cometidos por mamãe, sem dúvida não contei tudo. Esperava que ele reconhecesse isso.

Depois que fomos dormir naquela noite, ele ficou lendo. Quando levantei pela manhã, ainda o encontrei sentado na poltrona em seu cantinho, olhando pela janela para a paisagem, em reflexão profunda. Eu temia o que ele diria e me perguntava se ele assinaria a autorização. Mas, quando indaguei sobre sua reação ao ler o livro, suas únicas palavras foram: "Bem, você foi generosa ao retratar sua mãe".

Eu não tinha palavras para agradecer. Aquilo significava que ele não só percebia como mamãe havia sido terrível, como também reconhecia quanto eu havia deixado de colocar no livro, por saber que as pessoas não conseguiriam suportar ler toda a realidade. Ele me disse que achava que ela só era abusiva daquele jeito com ele. Não sabia sobre o armário — pelo menos não até que ponto ela o usava para me castigar. Uma de minhas tias me contou mais tarde que papai lhe disse acerca de mim e da autobiografia: "Ela não expôs nem a metade". Ele reconhecia a verdade. Minha tia sabia também, pois mamãe fizera algumas das mesmas coisas com ela quando era criança, depois que a mãe delas morreu e minha mãe se tornou responsável por cuidar da irmã.

Todo o abuso que sofri de minha mãe na infância me encheu de ansiedade e medo de que eu nunca daria em nada na vida. Sentia que, não importava quanto realizasse, nunca seria o suficiente para agradar alguém. Pensamentos suicidas me assolavam todos os dias, e cheguei a tentar me matar quando tinha 14 anos. Como mamãe temia que os outros quisessem matá-la, ela trocava os frascos de analgésicos e remédios para dormir por outros comprimidos menos perigosos. Eu não engoli comprimidos suficientes para conseguir me matar. As pílulas haviam sido receitadas para ela quando minha irmã nasceu. Por isso, em vez de dar fim à minha vida miserável, conforme eu esperava, os comprimidos me deixaram muito doente. A loucura de mamãe acabou salvando minha vida. Quem poderia imaginar?

Catorze anos depois dessa tentativa de suicídio, após procurar todas as maneiras que eu conhecia de encontrar a Deus e uma razão para viver, mais uma vez eu estava à beira de buscar comprimidos em quantidade suficiente para acabar com a vida. Só que dessa vez eu tinha 28 anos e já sabia como fazer o serviço direito. Com exceção da amiga do ensino médio que mencionei no primeiro capítulo, eu nunca havia falado com mais ninguém sobre a experiência com minha mãe, por ter sido algo humilhante demais. Sempre temi que os outros suspeitassem que eu poderia ficar doente da cabeça como ela. Naquela época, as doenças mentais eram segredos bem guardados nas famílias. Não era uma condição compreendida ou aceita, de maneira nenhuma. Deixar alguém saber era muito arriscado. Além disso, eu já havia tentado tudo que conhecia para me livrar da depressão, da ansiedade e do medo, mas nada havia funcionado. Não conseguia mais viver com aquela dor emocional terrível.

Nessa época em que eu estava planejando o suicídio, Terry, uma amiga cantora com quem eu trabalhava na televisão, percebeu minha aflição mental. Durante uma sessão de gravações, ela disse: "Estou vendo que você não está bem. Você aceita ir comigo conversar com meu pastor? Sei que ele pode ajudar". Eu sabia que ela era cristã porque já havia falado sobre a igreja, o pastor e como o Senhor mudara a vida dela. Eu havia conhecido seus pais quando nós duas trabalhávamos em programas de televisão ao vivo em Hollywood. Eles eram carinhosos um com o outro e sempre pareciam pessoas normais, bondosas e gentis.

"É claro que Deus pode ajudá-la", pensei. "Ela vem de uma família normal. Não sofreu danos emocionais como eu. Não vive sem esperança nenhuma. Ela tem todos os motivos para viver. Não sofre de ansiedade e depressão debilitantes. Nunca na vida teve medo de morrer de fome, ficar sem teto, ou pior, de precisar voltar a morar com uma mãe insana."

Embora minha irmã ainda morasse em casa na época, eu sentia que era melhor para ela que eu não estivesse lá, por causa dos atritos intensos entre nós duas. Os gritos irracionais de mamãe comigo não poderiam fazer bem para minha irmã, que era doze anos mais nova. E parecia que, embora eu sofresse ataques violentos de mamãe, ela não agia assim com minha irmã. Minha mãe a negligenciava, e creio que tudo isso contribuiu para os sentimentos de abandono experimentados por minha irmã anos depois. Além disso, eu precisava sair de casa, pois minha depressão e ansiedade pioravam demais quando eu ficava perto de mamãe, mesmo que por apenas alguns minutos. Eu sempre passava por um grande retrocesso e ficava incapacitada por semanas depois daqueles episódios.

Sei que algumas pessoas podem se sentir tão desesperadas para ser reconhecidas como alguém que tem valor, relevância ou propósito que estão dispostas a fazer qualquer coisa para que isso aconteça. Mesmo ser conhecido por algo ruim é considerado melhor que não ser reconhecido por nada, na opinião de alguns que sofreram danos emocionais.

Isso ficou claro para mim quando fui falar em um presídio feminino depois do lançamento de minha autobiografia. O capelão de lá acreditava que minha história poderia ajudar muitas mulheres que haviam sofrido danos emocionais durante a infância. Quando terminei meu relato pessoal de desolação, ansiedade, pânico, depressão e medo para as encarceradas — e de como Deus levou tudo isso embora e me curou —, não sobrou ninguém sem lágrimas nos olhos. Muitas soluçavam tão descontroladamente que os guardas chegaram com lenços de papel para lhes entregar. Deus estava batendo à porta do coração daquelas mulheres, que finalmente conseguiam reconhecer quanto ele as amava.

Uma jovem que não tinha mais que vinte e poucos anos pediu para falar comigo em particular. O capelão deu um jeito de nos encontrarmos em uma sala privada. A moça me disse que estava presa porque havia sufocado seu bebê até a morte. Ela havia sido gravemente abusada a vida inteira pela mãe e pelo padrasto. Quando descobriram que havia engravidado na adolescência, foi expulsa de casa. Ela não tinha dinheiro, nem onde morar. Encontrou um lugar temporário para ficar durante a gravidez, mas, pouco depois que o bebê nasceu, foi mandada embora e teve de ficar por conta própria de novo, só que dessa vez com um nenê.

Ao olhar para trás, fica fácil perceber que essa jovem mãe deveria ter dado o bebê para adoção, mas ninguém estava lá para ajudá-la a fazer isso. Então, quando o nenê tinha uns poucos meses de vida, a moça não sabia como lidar com o choro.

QUAL É O NOSSO MAIOR MEDO?

Ela própria tinha a maturidade emocional de uma criança, portanto não tinha condições de lidar com a responsabilidade de cuidar de outra criança. Não havia ninguém para ajudá-la a dar conta. Certa noite, enquanto o bebê chorava e ela não conseguia fazê-lo parar, colocou um travesseiro sobre a cabeça dele e o sufocou. Lamento se a leitura deste trecho fere o seu coração assim como fere o meu enquanto escrevo, mas há uma ideia que preciso transmitir. Aquela jovem me contou que, ao ser presa por assassinato do filho, ela se viu alvo dos fotógrafos jornalísticos e o centro das atenções durante o julgamento e tudo que aconteceu em seguida. Então, disse para si mesma: "Agora eu *sou* alguém".

Um arrepio gelado correu pelo meu corpo, e meu coração se partiu por aquele bebê e também pela jovem mãe. Ela havia sido tão privada de amor e incentivo que, a despeito de seu ato hediondo e impensável, o sentimento que experimentava era melhor que o de ser tratada como lixo humano pela própria mãe e pelo padrasto. Fiquei extremamente chocada ao ouvir isso.

Eu disse àquela moça que só Jesus é capaz de perdoar todos os nossos erros terríveis, e só ele pode nos dar valor verdadeiro e senso de propósito. Comentei que ela era valiosa aos olhos dele, que ele ainda a amava e tinha um propósito para sua vida, caso se entregasse a Cristo. Ela aceitou o Senhor e eu orei pedindo que se arrependesse por completo, conhecesse o perdão de Deus e fosse restaurada para a vida com propósito que Deus tem para todos — até mesmo para quem está atrás das grades.

Essa história ilustra as consequências extremas de se sentir sem valor, descartável, não amado e insignificante. Muitas pessoas temem isso mais que qualquer outra coisa. Se você tem dificuldade de acreditar que alguém pode se sentir dessa maneira após um ato impensável como esse, é porque nunca soube o que é vivenciar o mal de forma grave e contínua. Acredite, danos emocionais terríveis assim acontecem de verdade.

Em contraste com essa moça, eu estava tão convencida de que não tinha valor, ninguém me amava e eu nunca faria nada relevante que não conseguia ver outra solução a não ser acabar com a própria vida. É por isso que tantos adolescentes se matam. Todos já vimos isso nos jornais, ou acontecendo com pessoas que conhecemos, ou quem sabe na própria família. O suicídio de um filho é o maior sofrimento que pode acometer um pai ou uma mãe. A culpa é um abismo sem fundo, do qual só Deus é capaz de resgatar.

Sei de crianças que sofrem *bullying* repetidamente sem que ninguém as socorra. Sentem-se sem esperança, odiadas, sem valor, solitárias, retraídas e cheias de medo, sem saber onde encontrar uma saída. Sentem-se isoladas porque têm vergonha de contar a alguém o que está acontecendo. E algumas são ameaçadas de receber tratamento ainda pior se contarem a outra pessoa. Mas Deus pode mudar a vida delas. É por isso que nossas orações fazem a diferença. É por isso que devemos orar para que cada criança tenha o amor de Deus em sua vida e para que haja pessoas em volta que possam servir de modelo, de uma maneira que agrada ao Senhor.

Se você já teve medo de ser insignificante, sem valor ou sem propósito, saiba que Deus não a vê dessa maneira, nunca a viu e jamais a verá. Como você é filha de Deus, ele a ama assim como a todas as outras pessoas. "Vejam como é grande o amor do Pai por nós, pois ele nos chama de filhos" (1Jo 3.1). A Bíblia diz: "Ainda que a consciência nos condene, Deus é maior que nossa consciência e sabe todas as coisas" (1Jo 3.20). Isso significa que, embora você possa se atacar por crer que é insignificante e não vale nada, Deus conhece a verdade a seu respeito. Ele sabe que você recebeu dons da parte dele, tem um chamado elevado e um propósito. Você foi levada a crer em mentiras acerca de si mesma, mas o Senhor deseja que saiba a verdade.

Outras pessoas podem fazer que nos sintamos invisíveis, não notadas, nem apreciadas. Mas Deus nunca age assim. A estratégia para combater o medo de ser insignificante ou sem importância é entender que o Senhor nunca faz você se sentir dessa maneira. Aliás, é bem o contrário. Ele enviou seu Filho Jesus para entregar a própria vida por você, para que você viva melhor hoje e tenha uma vida perfeita ao lado dele por toda a eternidade. (Leia mais sobre isso no capítulo 3.)

Medo do ser humano e medo de sofrer rejeição

Outro receio comum a muitas pessoas e bastante relacionado ao medo da insignificância é o medo do ser humano. "Temer as pessoas é uma armadilha perigosa, mas quem confia no Senhor está seguro" (Pv 29.25). Temer o que as pessoas pensam de nós está muito ligado ao que nós pensamos a nosso respeito. A Bíblia diz que não devemos temer nenhuma pessoa porque esse medo controla nossa vida e nos torna fracos. O espírito de agradar os outros não é produtivo. A pessoa que teme o Senhor é liberta disso.

Todos queremos nos sentir aceitos. Ninguém deseja parecer repugnante ou ofensivo para os outros. Mas é impossível agradar a todos. Agradar a *Deus* deve ser nosso maior desejo. Fazemos isso quando o amamos e confiamos nele e em sua

O PODER DA ORAÇÃO QUE DOMINA O MEDO

Palavra. Ele diz na Bíblia que tudo que não é feito pela fé é pecado e não o agrada. Logo, a dúvida é pecado. Deus afirma: "Meu justo viverá pela fé; se ele se afastar, porém, não me agradarei dele" (Hb 10.38). O conhecimento da vontade de Deus e a prática de uma fé firmada nele consistem na única maneira de viver livre do medo do ser humano. O Senhor declara: "Ouçam-me, vocês que sabem a diferença entre certo e errado, que têm minha lei no coração. Não se assustem com o desprezo das pessoas, nem temam seus insultos" (Is 51.7).

O medo da rejeição está ligado ao medo do ser humano. Podemos nos sentir rejeitadas por nosso pai ou nossa mãe no início da infância ou, mais tarde na vida, por colegas cruéis, estranhos abusivos, um namorado ou cônjuge, ou ainda por colegas de trabalho. As possibilidades de rejeição são infinitas. Basta que sejamos rejeitadas de forma grave e dolorosa uma vez para que o medo da rejeição crie raízes em nós.

Nossos sentimentos de rejeição podem ser percebidos por nossos filhos. Precisamos orar não só para que sejamos libertas disso como também interceder para que cada um de nossos filhos conheça o amor de Deus, sua plena aceitação e o prazer que ele tem neles. Não deixe seu filho crer em mentiras sobre ele, sobretudo se foi você mesma quem as disse e se sabe, em primeira mão, quanto são prejudiciais.

Tudo aquilo que prejudica seu espírito deixa uma ferida tão profunda que, sem a cura e o amor restaurador de Deus derramado em sua vida, é difícil encontrar alívio por conta própria. É necessário conhecer pessoalmente o amor e a aceitação que o Senhor tem por você. Cada experiência de rejeição vai se somando à outra, levando a pessoa a um contínuo pavor de ser rejeitada.

QUAL É O NOSSO MAIOR MEDO?

Eu me sentia rejeitada tanto por minha mãe quanto por meu pai. Muito embora mamãe fosse a abusadora, eu me questionava por que papai nunca me resgatava da crueldade dela. Como minha escola ficava a mais de trinta quilômetros de distância e os vizinhos mais próximos também moravam a quilômetros de nossa casa, eu nunca tinha amigos. Meus pais não tinham convívio social com outras pessoas. Cursei o primeiro ano em Wyoming, mas, no ano seguinte, minha mãe deixou papai e nós duas nos mudamos para a casa de parentes em outro estado. Durante o segundo ano, frequentei três escolas diferentes em três cidades diferentes. Mamãe foi convidada a se retirar da casa de cada parente com quem vivera e, por fim, ficou sem familiares a quem pudesse recorrer e voltou para meu pai. Então, regressei para minha escola original.

Assim como ninguém me conhecia nas escolas em que estudei durante aquele ano, ninguém sabia quem eu era na escola pela qual havia passado dois anos antes. Eu era invisível para as outras crianças, mas, para ser sincera, isso fazia que eu me sentisse mais segura do que se fosse notada e atormentada. Por volta dessa época, eu já temia tanto a rejeição que nem tentava fazer amigos. Estava claro que ninguém tinha interesse em mim. Finalmente, no terceiro ano, conheci uma colega de classe que pelo menos sabia meu nome. Nunca me esqueci dela, e sempre serei grata por sua bondade.

Depois do terceiro ano, nós nos mudamos para a Califórnia, onde comecei a série seguinte. Já não morávamos isolados, então eu ia andando para a escola e consegui fazer alguns amigos. As pessoas pareciam mais amistosas em Los Angeles, pois quase todas vinham de outros lugares. Ainda assim, o medo de ser rejeitada me acompanhava por onde eu ia.

Em Los Angeles, todos os demais alunos de minha sala moravam em um bairro bom. Minha família era mais pobre que qualquer pessoa com quem eu estudava. Vivíamos em um barracão velho atrás de um posto de gasolina. Isso colocava uma barreira social diante de mim e, não raro, senti rejeição por causa disso. Eu era deixada de fora de festinhas de aniversário e eventos especiais. De qualquer maneira, não conseguiria ir, pois meu pai trabalhava sete dias por semana no posto de gasolina e minha mãe estava envolvida em todas as fobias que a assolavam e com as pessoas imaginárias com quem ela conversava, achando que queriam matá-la. Eu não ousava levar ninguém à minha casa para presenciar aquilo. Ela chegava a brigar com pessoas inocentes em lojas ou na rua, acusando-as de a estarem seguindo ou de haverem tentado matá-la. Era assustador demais pensar que ela poderia fazer um ataque verbal daqueles a uma de minhas colegas de classe.

Ser rejeitado já é ruim, mas é brutal ter de levar o medo da rejeição consigo, para onde quer que se vá. A vida não precisa ser assim. Peça a Deus que lhe mostre os sentimentos ou as experiências de rejeição que você teve na vida. Algumas pessoas que se sentem rejeitadas também podem rejeitar a Deus. Elas pensam: "Onde estava Deus quando precisei dele?". A verdade é que Deus está em toda parte, mas só está conosco em poder quando o convidamos para isso. Podemos mudar essa realidade humilhando-nos diante dele, arrependendo-nos do egoísmo, do orgulho e da rejeição a ele e, então, pedindo que entre em nossa vida de maneira poderosa. O Senhor disse: "Meu povo está sendo destruído porque não me conhece" (Os 4.6). Ele rejeita aqueles que o rejeitam e aceita quem o aceita. (Leia mais sobre isso no próximo capítulo.)

QUAL É O NOSSO MAIOR MEDO?

Às vezes, nós mesmos nos rejeitamos, e isso é sempre muito ruim — sobretudo para nossa saúde mental, emocional e física. Quando perdemos confiança e, em vez disso, ganhamos ódio autocentrado, achamos difícil nos perdoar por nunca termos sido bons o bastante. Não acreditamos que temos um propósito na vida. Essa rejeição própria não vem do Senhor e precisa ir embora.

Somos enfraquecidos e desgastados pelo espírito de rejeição, que traz consigo sentimentos de abandono, solidão, tristeza e desânimo. A falta de esperança e a fadiga são exaustivas. Se não houver mudança, isso pode levar ao perfeccionismo, uma forma de orgulho que acaba levando a mais rejeição por parte de pessoas que não querem ser cercadas por esse tipo de comportamento. Achamos que a única maneira de não sermos rejeitados é sendo perfeitos. Todas as coisas que acompanham a rejeição — como a raiva, o ciúme, a amargura e o ressentimento — podem nos enfraquecer a ponto de nos deixar doentes.

A recusa em perdoar, outro efeito colateral da rejeição, consiste em uma forte tortura, algo que nos consome como um câncer. Algumas pessoas têm dificuldade de perdoar aqueles que, em sua opinião, as rejeitaram ou feriram. Isso produz amargura no coração. Todo tipo de doenças e problemas físicos pode se manifestar em alguém que nutre amargura e se recusa a perdoar. Quando sofremos de autorrejeição e temos o medo da rejeição profundamente enraizado em nós, esses dois elementos sem dúvida afetarão nosso corpo se não acabarmos com eles.

As pessoas que se recusam a perdoar são atormentadas de muitas maneiras. A falta de perdão é um peso constante sobre os ombros, um peso que não fomos feitos para carregar, e isso desgasta nosso corpo. O perdão é uma escolha que podemos fazer — não com base na vontade de fazê-lo, mas pelo desejo de obedecer a Deus e de nos libertar das coisas que nos separam de uma caminhada íntima com ele. Deus espera que nos separemos do pecado. "Se eu não tivesse confessado o pecado em meu coração, o Senhor não teria ouvido" (Sl 66.18). *A recusa em perdoar é pecado* e impede Deus de ouvir nossas orações. Não é que ele não consiga ouvi-las, mas, sim, que não o fará até que tiremos essa amargura do coração.

Jesus entende o que é ser rejeitado. Isaías profetizou que o Cristo seria "desprezado e rejeitado, homem de dores, que conhece o sofrimento mais profundo. [...] *Ele foi ferido por causa de nossa rebeldia e esmagado por causa de nossos pecados.* Sofreu o castigo para que fôssemos restaurados e recebeu açoites para que fôssemos curados" (Is 53.3,5).

Jesus carregou a rejeição a fim de que pudéssemos ser aceitos por Deus para sempre e ter uma vida plena.

Deus quer que vivamos livres do medo. O medo do ser humano e o medo da rejeição são bons pontos de partida. Peça ao Senhor que lhe mostre se você tem esse tipo de problema. Se for o caso, peça também que o liberte. Deus tem poder para fazer isso.

Jesus disse: "Se o Filho os libertar, vocês serão livres de fato" (Jo 8.36). Em sua presença, há cura, plenitude e restauração. E quando ele a liberta, você se torna livre de fato.

Medo de falar com as pessoas

Já ouvi pessoas dizerem que preferem morrer a ficar em pé e falar para muita gente. E parecem afirmar isso com

QUAL É O NOSSO MAIOR MEDO?

convicção, embora eu duvide que realmente teriam coragem de levar essa afirmação às últimas consequências caso as duas escolhas lhes fossem apresentadas. No entanto, com certeza eu as entendo. Como, porém, já estive perto da morte tantas vezes na vida, sei que falar em público é mais atraente para mim que a morte. É claro que a única morte que me vinha à mente era cheia de dor e terror. Talvez, se fosse uma mera questão de desaparecer serenamente, é possível que eu escolheria isso em vez de me arriscar à humilhação e à rejeição. Quando vivemos continuamente imersos em uma realidade brutal, tornamo-nos realistas e abrimos mão de pensamentos idealizados.

Falar em público pode não ser um de seus maiores temores, mas é o de muita gente. O pavor de transmitir uma mensagem aos outros está muito relacionado aos seguintes medos: de rejeição, do fracasso, da humilhação, de ser exposto, de perder o controle, de ser criticado, de que todos os olhos se voltem para você, de sua mente falhar ou congelar e "dar branco". É mais que apenas ficar em pé e falar diante de uma multidão. A própria natureza da situação força você a pensar em todos os medos associados a ela.

Para muitos de nós, o ato de ficar em pé para falar a outras pessoas, estando elas totalmente focadas em nós, pode ser assustador ao extremo. Falar em público sempre foi um desafio para mim. É isso que acontece com alguém que passa boa parte da primeira infância trancado dentro de um armário, sendo silenciado por o haverem mostrado que ninguém se importa com o que ele tem a dizer. Eu era castigada por chorar ou tentar dizer qualquer coisa, por isso aprendi a ficar em silêncio. Em consequência, não sabia falar muito bem. Só consegui me desinibir no ensino médio, ao fazer aulas de

O PODER DA ORAÇÃO QUE DOMINA O MEDO

teatro. Nelas, eu podia memorizar roteiros e falar como se fosse outra pessoa. Podia falar em público como a personagem de uma peça ou qualquer outra pessoa que eu quisesse ser. Em algum momento, a cada apresentação ou improvisação teatral, na minha mente eu deixava de ser a menina que não conseguia falar em público.

O apóstolo Paulo conseguiu descrever com perfeição como me sinto ao falar diante de outras pessoas: "Minha mensagem e minha pregação foram muito simples. Em vez de usar argumentos persuasivos e astutos, me firmei no poder do Espírito. Agi desse modo para que vocês não se apoiassem em sabedoria humana, mas no poder de Deus" (1Co 2.4-5).

O que levava Paulo a influenciar as pessoas para o Senhor não era o fato de ser um grande orador, mas, sim, de ser movido pelo poder de Deus. Ele não era autoconfiante, mas dependia do Espírito Santo, que é o poder divino. O apóstolo não queria que ninguém ficasse impressionado com ele próprio. Seu desejo era que o poder do Senhor se manifestasse por seu intermédio.

Falar em público me causou pavor durante anos, por minha falta de habilidade em fazê-lo. Mas, depois que me livrei do medo do ser humano e do medo da rejeição e comecei a desejar obedecer a Deus e agradar somente a ele, tornei-me capaz de ficar em pé e contar aos outros o que ele fez por mim. Só consigo fazer isso hoje por crer completamente que o Senhor me chamou para isso, por confiar na mente que Deus me deu e por me importar mais com as pessoas para quem falo do que com o fato de gostarem de mim ou não. No entanto, toda vez que me preparo para falar em público, ainda oro pelos temores e pensamentos do tipo "E se…?". Além disso, penso em quanto Deus ama as pessoas para quem vou falar, pessoas que

QUAL É O NOSSO MAIOR MEDO?

precisam ouvir uma Palavra da parte dele. Peço ao Senhor que me mostre o que elas estão passando e de que necessitam.

Toda vez que for falar às pessoas — seja a algumas poucas, seja a milhares —, você necessita saber se Deus a chamou para fazer isso ou não. Ele pode não a ter chamado para transmitir aquela mensagem específica, que lhe foi designada pelas pessoas ou pela empresa para a qual você trabalha, ou seja lá quem for o remetente. Contudo, você é chamada pelo Senhor para transmitir seu Espírito de amor, alegria e paz sempre que falar a qualquer pessoa sobre qualquer assunto. As pessoas precisam dessa mensagem o tempo todo. Deus sempre deseja que elas a ouçam e abriu uma porta de oportunidade para que você a comunique. Mesmo que se encontre em uma situação limitadora, é possível encontrar maneiras de transmitir o amor de Deus.

Em várias ocasiões descritas na Bíblia, Deus conclamou alguém para transmitir uma mensagem a determinados destinatários, e, em muitos casos, aquele que recebeu o chamado se sentiu aterrorizado quanto às possíveis consequências. Isso acontecia porque, em algumas circunstâncias, as pessoas poderiam ser mortas em razão do que diziam. Qualquer um morreria de medo em tais situações. Mas as pessoas aprenderam a confiar em Deus.

Depois que aceitei o Senhor e vivenciei cura emocional e livramento espiritual tão milagrosos, comecei a superar aquelas experiências iniciais que me debilitavam. Escrevi um livro sobre tudo isso, chamado *Minha história de perdão e cura*, no qual conto sobre como falharam todas as minhas tentativas pessoais de me libertar da depressão, da ansiedade, do medo, da solidão, dos sentimentos de isolamento, abandono e rejeição, fazendo-me chegar à conclusão de que não havia saída para mim. Então, planejei meu suicídio, muito embora não tivesse vontade de morrer. Eu só não queria mais acordar com aquela dor e, naquelas circunstâncias, acreditava que não havia como detê-la.

Conforme já mencionei, enquanto ainda estava no processo de obter soníferos em quantidade suficiente para executar meu plano, minha amiga Terry me levou para conhecer o pastor dela, e eu aceitei o Senhor. Isso deu início à minha restauração. Até que eu alcançasse a vida que tenho hoje, foram necessários muitos anos de cura, livramento e aprendizado andando com Deus, vivendo em seus caminhos e estudando sua Palavra.

À medida que crescia no conhecimento do Senhor, ouvi o chamado divino ao meu coração para que eu falasse sobre o que ele havia feito por mim. E fiquei aterrorizada. Eu sabia que não era nem um pouco adequada como oradora. Não se tratava de mais uma peça da qual eu participaria como personagem, ou fingiria ser outra pessoa. Seria eu sendo eu mesma. Exposta e aberta. Quando comecei a falar, era para grupos pequenos. Li na Bíblia: "Não desprezem os começos humildes" (Zc 4.10), e sem dúvida eu não faria isso. Aceitava de bom grado começar falando para poucas pessoas porque sabia que não estava pronta para os holofotes. Eu só queria contar aos outros os milagres que Deus havia operado em minha vida. Mas os grupos rapidamente aumentaram e pareceram demais para mim. No entanto, toda vez que eu falava, via Deus se comunicar por meu intermédio.

Na primeira vez que fiquei em pé para falar a uma grande multidão sobre esse assunto, eu tremia tanto que nem sabia ao certo se minha voz sairia. Senti como Davi quando foi perseguido pelo inimigo. Ele disse: "Dentro do peito, meu coração acelera; o terror da morte se apodera de mim. Sou tomado de medo e pânico, e não consigo parar de tremer. Quem dera eu tivesse asas como a pomba; voaria para longe e encontraria descanso" (Sl 55.4-6).

Acho que posso realmente ter orado essas exatas palavras. Mas Deus atendeu às minhas preces por auxílio. Eu não morri enquanto falava, nem me humilhei — o que teria sido muito pior. A voz era minha, mas era o Espírito de Deus quem dava vida a ela diante das pessoas, da maneira que só ele sabe fazer.

Quanto mais eu confrontava o medo de falar em público, mais livre me tornava. A verdade de Deus me libertou. Sua promessa é: "Não se assuste; você não será envergonhada. Não tenha medo; você não sofrerá humilhação" (Is 54.4). O que mais me ajudava era pensar em quanto Deus ama cada uma das pessoas para quem eu falava e quanto elas precisavam saber aquilo que o Senhor é capaz de fazer. Eu me concentrava nisso, não em mim.

Se você já sentiu medo de falar em público ou tem esse medo hoje, saiba que Deus tem liberdade para você. Não é preciso se tornar palestrante profissional, mas é necessário ter condições de compartilhar com os outros aquilo que ele fez. É uma mensagem importante que pode salvar a vida de alguém. Peça a Deus que a liberte do medo, para que você consiga ouvi-lo falar toda vez que alguém necessitar conhecer a verdade que liberta. Esqueça-se de você e concentre-se naquilo que o Senhor está lhe mostrando. É nessa liberdade que ele deseja que você caminhe.

Medo da dor e do sofrimento que nunca terminam

Simão Pedro — que convivia diariamente com Jesus, *viu* quem ele realmente era e experimentou seu amor e poder

— se curvou ao medo quando chegou o momento de fazer uma escolha. O Senhor lhe tinha dito anteriormente: "Simão, Simão, Satanás pediu para peneirar cada um de vocês como trigo. Contudo, *supliquei em oração por você*, Simão, *para que sua fé não vacile.* Portanto, quando tiver se arrependido e voltado para mim, fortaleça seus irmãos" (Lc 22.31-32).

Pedro respondeu a Jesus dizendo: "Senhor, estou pronto a ir para a prisão, e até a morrer ao seu lado" (Lc 22.33). Mas Cristo, que conhecia a verdade, falou: "Pedro, vou lhe dizer uma coisa: hoje, antes que o galo cante, você negará três vezes que me conhece" (Lc 22.34). E foi assim mesmo. O medo de Pedro foi bem maior que seu desejo de admitir que era um seguidor de Jesus. Depois que Cristo foi capturado, Pedro o negou três vezes, assim como Jesus disse que ele faria. E Pedro ficou profundamente entristecido pelo próprio fracasso.

Se Pedro, que testemunhou pessoalmente os milagres de Jesus, não conseguiu controlar seus temores, como nós podemos fazê-lo? Mas Pedro ainda não havia testemunhado o maior milagre de todos — a ressurreição de Cristo. E, embora nós não tenhamos presenciado essa ressurreição, temos a vantagem de conhecer os testemunhos das muitas pessoas que o viram depois dela. Conhecemos a verdade sobre o que Jesus realizou em nosso favor.

Por testemunharmos tanto sofrimento inimaginável neste mundo, ficamos temerosas por nós mesmas e pelas pessoas que amamos. Hoje, é possível que alguém do outro lado do mundo nos destrua da forma mais hedionda que se pode pensar. Mas também sabemos que a oração constante e fervorosa ao Deus onipotente — muito mais poderoso que todas as armas que os seres humanos podem inventar para acabar com seus inimigos — é capaz de operar milagres.

Sofri muita dor na vida e, sem dúvida, a aflição é algo a ser temido. O tempo passa devagar quando se é infeliz. Cada momento se alonga quando se sente dor. A vagareza do sofrimento não é um mistério. A dor e o sofrimento são tudo que queremos evitar. Fazemos qualquer coisa para aliviar o severo desconforto e o grave comprometimento de nosso corpo, nossas emoções ou nossa mente.

Aqueles que julgam com arrogância os que estão sofrendo provavelmente nunca experimentaram o sofrimento de fato. Tais pessoas não conhecem a agonia de uma dor tão insuportável a ponto levar o indivíduo a desejar a morte; é uma aflição que parece não ter fim nem alívio. Não sabem o que é lutar para manter o fôlego e desconhecem o que é se ver incapaz de fazer as coisas mais simples, atividades que eram corriqueiras antes do acidente, do incidente ou da doença.

Mas quem já sofreu de verdade é grato por todos os dias em que não experimenta sofrimento. Torna-se paciente com quem sofre. Durante a dor, você tem duas escolhas: tornar-se amarga e irada contra Deus por permitir tal situação, ou caminhar com Deus para superar o sofrimento, na dependência da orientação e do sustento divinos a cada momento do dia. Não desista de acreditar que o Senhor a levará a atravessar qualquer sofrimento que você esteja enfrentando hoje. Ele é o único capaz de curá-la, de conduzi-la às pessoas que podem ajudá-la ou de livrá-la da dor e do sofrimento. Continue orando para que ele atue poderosamente em seu favor.

Há diversos outros medos comuns, como o medo do fracasso, o medo de perder o controle, o medo de se machucar, ferir ou ser destruído, o medo de não ter o bastante — só para citar alguns. Não importa qual seja o temor que você está enfrentando, encare o medo e diga: Deus, que cuida de mim, suprirá todas as minhas necessidades por meio das riquezas gloriosas que me foram dadas em Cristo Jesus (Fp 4.19). Confie que Deus não apenas lhe dará *aquilo* de que você precisar, mas o fará *quando* você precisar.

– Poder da oração –

Senhor, peço-te que me reveles as áreas em que tenho permitido que medos do passado afetem negativamente a minha vida, para que eu seja liberta deles. Ajuda-me a esquecer o passado e a seguir em frente hoje, com a nova vida que tens para mim. Liberta-me de todos os temores destrutivos a fim de que eu possa fazer tudo que planejas para mim. Capacita-me a ser forte em ti e a nunca ceder ao medo, nem desanimar. Ensina-me a crer em tua Palavra e a pronunciá-la sempre que o medo ameaçar me enfraquecer. Ajuda-me a me erguer acima dele.

Quando eu estiver falando às pessoas — sejam poucas, sejam muitas —, tira de mim todo medo e dá-me tua força, teu poder e tua clareza de mente. Dá-me teu amor por todas as pessoas com quem falo e ajuda-me a enxergá-las com os teus olhos. Abre os olhos e os ouvidos espirituais e também o coração dessas pessoas, para que ouçam teu Espírito falando a elas.

Mostra-me qualquer lugar em minha mente que tenha sido dominado por um medo específico e esteja me impedindo de desfrutar da liberdade que tens para mim. Convido-te para assumir controle total da minha vida, a fim de que eu seja escrava da tua justiça, não do medo. Ensina-me a viver e a ser motivada por teu perfeito amor, que lança fora o medo atormentador (1Jo 4.18). Obrigada, Senhor, por seres capaz de me livrar de todos os meus temores (Sl 34.4). Peço-te que faças isso agora.

Em nome de Jesus, amém.

– Poder da Palavra –

Esse amor não tem medo, pois o perfeito amor afasta todo medo. Se temos medo, é porque tememos o castigo, e isso mostra que ainda não experimentamos plenamente o amor.
1João 4.18

Busquei o Senhor, e ele me respondeu; livrou-me de todos os meus temores.
Salmos 34.4

O Senhor é meu ajudador, portanto não temerei; o que me podem fazer os simples mortais?
Hebreus 13.6

Em ti, Senhor, me refugio; não permitas que eu seja envergonhado. Salva-me por causa da tua justiça.
Salmos 31.1

Ele me levou a um lugar seguro e me livrou porque se agrada de mim.
Salmos 18.19

3
O que a Bíblia diz sobre o medo?

A Bíblia contém uma série de histórias sobre pessoas que enfrentaram e superaram seus medos e fizeram o que Deus lhes ordenou. Davi é um exemplo perfeito disso porque frequentemente confessava seu medo em oração. Ele combatia o medo de frente, com fé e oração.

Davi viu o mal se proliferar ao seu redor e disse: "Os laços da morte me cercaram, torrentes de destruição caíram sobre mim. [...] a morte pôs uma armadilha em meu caminho. Em minha aflição, *clamei ao* SENHOR; sim, pedi socorro a meu Deus. De seu santuário *ele me ouviu*; meu clamor chegou a seus ouvidos" (Sl 18.4-6).

Quantos de nós que amamos a Deus já nos sentimos da mesma maneira ao ficarmos com medo por qualquer motivo? Quando o temor invade o coração e a mente, é importante saber o que Deus diz a fim de acessarmos a perspectiva correta. As seções deste capítulo mostram o que Deus disse em sua Palavra para todos nós que o amamos. Precisamos ter cada uma dessas verdades em mente para impedir que o medo nos controle.

Deus é seu escudo quando você busca a proteção dele

O rei Davi precisou fugir muitas vezes de pessoas que se opunham a ele, inclusive do próprio filho Absalão. Ao se levantar em

O PODER DA ORAÇÃO QUE DOMINA O MEDO

rebelião contra o pai, Absalão incitou muitos outros da nação a fazer o mesmo. Mas Davi orou: "Ó Senhor, tenho tantos inimigos; tanta gente é contra mim! São muitos os que dizem: 'Deus nunca o livrará!'. Mas tu, Senhor, és um escudo ao meu redor; és minha glória e manténs minha cabeça erguida" (Sl 3.1-3).

Davi sabia de onde vinha sua ajuda e orava com fé porque confiava em Deus. As pessoas alegavam que nem Deus poderia salvar Davi. Mas ele orava com fervor, dizendo: "Clamei ao Senhor, e ele me respondeu de seu santo monte. Deitei-me e dormi; acordei em segurança, pois o Senhor me guardava. Não tenho medo de dez mil inimigos que me cercam de todos os lados" (Sl 3.4-6).

Isso é que é confiar em Deus!

Quando Davi orou, creu que Deus o ouviu. Por isso, conseguiu dormir à noite, sabendo que o Senhor era seu escudo de proteção. Precisamos saber disso também. Tal atitude requer conhecimento do Senhor e de sua Palavra, andar com ele em oração e expressar gratidão por todas as suas bênçãos — inclusive sua proteção.

Deus liberta você do medo e da ansiedade

Todos passamos por momentos nos quais sentimos vontade de fugir de tudo que nos deixa amedrontados ou ansiosos. Davi, um homem segundo o coração de Deus, também enfrentou isso. Ao ser traído por um amigo, disse que queria fugir "para bem longe, para o sossego do deserto" (Sl 55.7).

Quem de nós já não se sentiu assim em algumas ocasiões?

Mas Davi continuou relatando o que decidira fazer diante dessa situação tão temível: "Eu, porém, invocarei a Deus, e o Senhor me livrará. Pela manhã, ao meio-dia e à noite, clamo

O QUE A BÍBLIA DIZ SOBRE O MEDO?

angustiado, e ele ouve minha voz. Ele me resgata e me mantém a salvo na batalha, embora muitos ainda estejam contra mim" (Sl 55.16-18).

Deus concedeu a Davi paz e conforto em lugar de medo e ansiedade porque ele caminhava ao lado do Senhor, tinha fé no único Deus verdadeiro e no poder de sua Palavra.

Nós também devemos orar da mesma maneira, com muita fé, crendo que Deus resgatará nossa alma ansiosa. Se experimentarmos tanto medo a ponto de nos deixarmos dominar por aquilo que tememos, precisamos orar sem cessar — de manhã, de tarde e de noite — até recebermos a paz de Deus. O Senhor fará isso por nós.

Davi disse: "Entregue suas aflições ao SENHOR, e ele cuidará de você; jamais permitirá que o justo tropece e caia" (Sl 55.22). Que grande encorajamento da Palavra para nós! Quando somos fiéis em buscar ao Senhor e viver em seus caminhos, ele é fiel em nos proteger.

O apóstolo Paulo disse: "Não vivam preocupados com coisa alguma; em vez disso, orem a Deus pedindo aquilo de que precisam e agradecendo-lhe por tudo que ele já fez. Então vocês experimentarão a paz de Deus, que excede todo entendimento e que guardará seu coração e sua mente em Cristo Jesus" (Fp 4.6-7). Agora mesmo Deus está lhe dizendo que não é preciso ficar ansiosa, nem ter medo de nada! Em vez disso, ore e seja grata, pois ele lhe dará paz extraordinária.

Deus capacita você a enxergar a situação da perspectiva dele

Quando o rei da Síria estava indo guerrear contra Israel, o profeta Eliseu aconselhou o rei israelita quanto ao que Deus lhe havia mostrado em relação à nação estrangeira. Assim que o rei da Síria descobriu que Eliseu estava revelando seus planos de batalha ao rei de Israel, enviou um exército contra o profeta à noite e cercou a cidade onde ele e seu servo moravam. O servo de Eliseu se levantou pela manhã e viu o exército sírio. Cheio de medo, perguntou ao profeta: "O que faremos?".

Eliseu disse ao servo: "'Não tenha medo! [...] Pois do nosso lado há muitos mais que do lado deles!' Então Eliseu orou: 'Ó Senhor, abre os olhos dele, para que veja'. O Senhor abriu os olhos do servo, e ele viu as colinas ao redor de Eliseu cheias de cavalos e carruagens de fogo" (2Rs 6.16-17).

Havia um exército do Senhor ali para protegê-los.

Assim, quando os sírios se moveram contra Eliseu, ele orou ao Senhor, dizendo: "Ó Senhor, faze que fiquem cegos" (2Rs 6.18).

Deus fez exatamente o que Eliseu pediu em oração.

Em seguida, o profeta ludibriou o exército sírio, dizendo que os levaria até a si mesmo. Em vez disso, porém, os conduziu a Samaria, em Israel. Então o profeta rogou: "'Ó Senhor, agora abre os olhos deles, para que vejam'. O Senhor abriu os olhos deles, e descobriram que estavam no meio de Samaria" (2Rs 6.20).

Deus conduziu os sírios para dentro da terra e das mãos de seus inimigos.

Quando o rei de Israel viu que os sírios estavam dentro de seu território, perguntou a Eliseu o que fazer com eles. Então o profeta o orientou a que não os matasse, mas, em vez disso, demonstrasse misericórdia, oferecesse comida a eles e os mandasse para casa. O rei israelita fez exatamente isso, e os sírios nunca mais voltaram a perturbar Israel (2Rs 6.21-23).

O QUE A BÍBLIA DIZ SOBRE O MEDO?

Que resultado extraordinário para uma situação terrivelmente assustadora! Esse episódio ilustra muito bem a misericórdia de Deus e seus planos para nossa segurança. Não é incrível que Eliseu tenha conseguido ver em espírito exatamente como Deus protegeria a ele e a seu servo por completo? Não seria extraordinário se nós também tivéssemos uma visão espiritual tão boa a ponto de descansar no fato de que Deus está conosco, protegendo-nos? Peça ao Senhor que a ajude a enxergar as coisas da perspectiva dele. Talvez ele não lhe mostre seus planos em detalhes vívidos como fez para Eliseu e o servo, mas pode lhe dar grande discernimento em relação ao que você está enfrentando, e também pode lhe conceder paz quanto aos resultados.

Deus a ajuda quando você receia não conseguir resolver algo sozinha

A Bíblia nos orienta a confiar que Deus realizará as coisas que sabemos não ter condições de fazer por conta própria. Um exemplo perfeito disso foi quando Deus instruiu Zorobabel — governador de Judá, responsável por concluir a restauração do templo que havia sido derrubado — a não confiar na riqueza do mundo, nem na força ou habilidade humana. Essa mensagem de Deus a Zorobabel se tornou uma das citações mais conhecidas e poderosas da Bíblia. O Senhor o orientou a reconstruir o templo, dizendo: "Não por força, nem por poder, mas pelo meu Espírito" (Zc 4.6). Em vez de confiar no poder dos homens, Zorobabel deveria crer que Deus faria a obra pelo poder de seu Espírito.

O Senhor garantiu a Zorobabel que qualquer montanha de oposição àquilo que ele o havia chamado para fazer seria aplainada por sua graça. Deus disse: "Nada será obstáculo para Zorobabel, nem mesmo uma grande montanha; diante dele ela se tornará uma planície! E, quando Zorobabel colocar no lugar a última pedra do templo, o povo gritará: 'É pela graça! É pela graça!'" (Zc 4.7). Em outras palavras, a graça de Deus realizaria tudo.

Graça é um favor não merecido que vem da parte de Deus, ou seja, nós não fazemos nada para merecê-la. Isso tem a ver com a nossa salvação. Somos salvos pela graça, não por aquilo que fazemos. É também pela graça de Deus que o Espírito Santo opera poderosamente em nós. Quantas vezes você experimentou a graça divina atuando por meio de você ou em seu favor e soube que nada mais poderia explicar o que estava acontecendo?

Não importa quanto desencorajamento você tenha sofrido na vida, nem quanta resistência precisou enfrentar ao fazer a transição para a vida à qual Deus a chama, o inimigo sempre aparecerá para tentar você com pensamentos de medo, do tipo: "Não consigo fazer isto" ou "Tenho medo de falhar". O inimigo acusa você de ser uma fracassada, uma pecadora, uma perturbada. Mas você pode depender da graça de Deus para capacitá-la a fazer o que sabe que não poderá realizar por conta própria. Você é salva pela graça. É resgatada de si mesmo pela graça. E pode gritar "Graça!" para qualquer situação que estiver enfrentando. Quando você gritar "Graça!" diante de seus problemas, as montanhas de oposição serão aplainadas.

Deus escolheu Salomão, filho de Davi, para construir o templo de Jerusalém em lugar do pai. Davi instruiu Salomão dizendo: "Seja forte e corajoso e faça o trabalho. Não tenha

O QUE A BÍBLIA DIZ SOBRE O MEDO?

medo nem desanime, pois o Senhor Deus, meu Deus, está com você. Ele não o deixará nem o abandonará durante toda a construção do templo do Senhor" (1Cr 28.20).

Com frequência, aquilo que Deus nos chama a fazer pode ser desafiador, e sentimos medo até de tentar. Mas podemos ter a certeza de que, se confiarmos que o Senhor estará conosco, ele também nos capacitará a fazer o que necessitamos.

A grandeza não será conquistada por seu poder ou sua valentia. O crédito será dele.

Deus a convida para o reino dele quando você o convida a entrar em seu coração

Jesus disse: "Eu lhe digo a verdade: quem não nascer de novo, não verá o reino de Deus" (Jo 3.3). Ele também disse: "Ninguém pode entrar no reino de Deus sem nascer da água e do Espírito" (Jo 3.5). Só poderemos ver o reino de Deus ou entrar nele se nascermos de novo. A primeira vez que nascemos, experimentamos o nascimento na carne. Quando nascemos de novo, trata-se de um nascimento espiritual, no qual o poder transformador do Espírito Santo opera em nós. Se não há novo nascimento no espírito, não temos um relacionamento verdadeiro com Deus. Jesus afirmou: "Os seres humanos podem gerar apenas vida humana, mas o Espírito dá à luz vida espiritual" (Jo 3.6).

Jesus disse: "Eu sou o caminho, a verdade e a vida. Ninguém pode vir ao Pai senão por mim" (Jo 14.6). Ele também declarou: "Então conhecerão a verdade, e a verdade os libertará" (Jo 8.32). E não é simplesmente conhecer qualquer verdade, mas, sim, conhecer a verdade dele. A verdade de Deus, porque ele é a verdade.

Jesus disse: "Porque Deus amou tanto o mundo que deu seu Filho único, para que todo o que nele crer não pereça, mas tenha a vida eterna" (Jo 3.16). Deus nos ama a tal ponto que deu seu Filho Jesus para pagar o preço por nossos pecados — isto é, enfrentar a morte — a fim de que possamos viver para sempre com ele, livres da morte e do inferno.

Jesus disse: "Não tenham medo, pequeno rebanho, pois seu Pai tem grande alegria em lhes dar o reino" (Lc 12.32). Deus quer que façamos parte de seu reino. Mas como chegar a esse reino? Precisamos receber Jesus em nosso coração.

Quando aceitamos Jesus, nossos olhos, ouvidos e coração se abrem para muitas coisas que antes não conseguíamos ver, ouvir e entender. É um mundo e uma vida totalmente novos. Então podemos viver na esfera do reino de Deus porque nossos olhos se abriram para isso.

Sem a revelação de Deus, não conseguimos sentir sua presença por completo, nem entender sua Palavra ou reconhecer seu reino. "Mas o homem natural não aceita as verdades do Espírito de Deus. Elas lhe parecem loucura, e ele não consegue entendê-las, pois apenas quem é espiritual consegue avaliar corretamente o que diz o Espírito" (1Co 2.14). Só obtemos discernimento espiritual quando temos dentro de nós o Espírito do único Deus verdadeiro, que nos dá vida no próprio Espírito.

Deus lhe apresenta o caminho para um relacionamento pessoal com ele mesmo, e esse caminho consiste em aceitar seu Filho Jesus como Salvador. Depois que você faz isso, ele a liberta de todas as consequências de pecados passados, o que a coloca em um relacionamento correto com Deus. Então, você poderá falar com o Senhor em oração, e ele ouvirá e atenderá.

O QUE A BÍBLIA DIZ SOBRE O MEDO?

Jesus disse: "Eu lhes digo a verdade: quem crê tem a vida eterna" (Jo 6.47). Ele também falou: "Eu lhes digo a verdade: quem me reconhecer aqui, diante das pessoas, o Filho do Homem o reconhecerá na presença dos anjos de Deus. Mas quem me negar aqui será negado diante dos anjos de Deus" (Lc 12.8-9). E o Evangelho de João diz: "Mas, a todos que creram nele e o aceitaram, ele deu o direito de se tornarem filhos de Deus" (Jo 1.12).

Jesus explicou a seus seguidores que, depois que ressuscitasse, ele iria para o Pai e enviaria seu Espírito Santo para habitar dentro deles. Somente depois de ter dado a vida em pagamento pelas consequências de nossos pecados e de ter ressuscitado, Jesus pôde enviar o Espírito Santo para que habitasse dentro daqueles que creem nele. O Espírito Santo não pode habitar em uma pessoa não santificada. Nós que aceitamos Jesus somos santificados por seu sangue e, assim, o Espírito Santo pode fazer morada em nós.

Paulo disse: "Vocês, porém, não são controlados pela natureza humana, mas pelo Espírito, se de fato o Espírito de Deus habita em vocês. E, se alguém não tem o Espírito de Cristo, a ele não pertence" (Rm 8.9). O Espírito de Cristo é o Espírito Santo de Deus. Só há um Espírito Santo. Deus, o Pai; Jesus Cristo, seu Filho; e o Espírito Santo são três pessoas separadas, mas um só Deus. Quando aceitamos o Senhor, ele nos dá seu Espírito para que viva dentro de nós. O Espírito nos capacita a orar com poder, a entender a Palavra de Deus e a falar de Deus para os outros, além de permitir que realizemos aquilo que não somos capazes de fazer por conta própria e que adoremos ao Senhor de maneira transformadora e dinâmica. O Espírito Santo que procede do Pai é o Espírito da verdade (Jo 15.26). Ele também é chamado de Consolador.

O PODER DA ORAÇÃO QUE DOMINA O MEDO

Jesus nos libertou da morte e do inferno. Quando temos seu Espírito dentro de nós, somos capacitados a viver no Espírito, e não em desobediência contínua aos caminhos divinos. Todo cristão verdadeiro tem dentro dele o Espírito de Cristo. Se dizemos que o Espírito Santo não mora em nós, então não somos cristãos. Não estou falando sobre derramamentos especiais do Espírito. Refiro-me apenas a aceitar Jesus e a receber imediatamente dele seu Espírito, que vem habitar em nosso interior — é assim que ele jamais nos deixa, nem nos abandona. E, depois de ressuscitar, Jesus subiu ao céu, onde se encontra à direita de Deus. Ele voltará e cumprirá todas as promessas que fez a esse respeito. O Espírito Santo permanece conosco em todo tempo.

Após a ressurreição de Jesus, os discípulos só deixaram de sentir medo depois de o Espírito lhes dar poder para saírem e contarem às pessoas as boas-novas sobre o Filho. "E os discípulos estavam cheios de alegria e do Espírito Santo" (At 13.52). *Existe uma conexão entre ter alegria e ter o Espírito Santo dentro de você.* A alegria do Senhor que cresce em você vem do Espírito Santo de Deus que habita em seu interior. Nosso Deus compartilha de si mesmo conosco. Não dá para ser melhor do que isso!

A verdade é que todos nós necessitamos do Senhor, pois "todos pecaram e não alcançam o padrão da glória de Deus" (Rm 3.23). Ele nos redimiu, ou seja, fomos liberados, livrados e libertos do mal e das consequências dos nossos pecados. Se você nunca aceitou Jesus e deseja fazer isso agora, apenas faça esta oração simples ao Senhor:

Senhor Jesus, creio que és o Filho de Deus. Embora seja difícil compreender um amor tão grande, creio que entregaste tua vida por mim a fim de que eu possa desfrutar da vida eterna contigo e uma vida melhor hoje. Creio que morreste na cruz e ressuscitaste dos mortos para provar que tudo que disseste é verdade. Confesso meus pecados a ti e me arrependo de não ter vivido em teus caminhos. Ajuda-me a viver do teu jeito todos os dias. Obrigada por teu perdão, por teu amor e por me dares a chance de recomeçar. Obrigada por tua vitória sobre a morte e o inferno, para que eu não precise viver com medo. Ajuda-me a me tornar tudo que pretendes que eu seja. Em teu nome eu oro, amém.

É possível que você já tenha aceitado Jesus e saiba de tudo isso, mas é bom relembrar essas palavras, para que estejam vívidas em sua mente e sejam parte da sua vida no reino de Deus aqui neste mundo. Trata-se da única maneira de viver em paz, livre do medo debilitante.

A melhor notícia é que "todo aquele que está em Cristo se tornou nova criação. A velha vida acabou, e uma nova vida teve início" (2Co 5.17). Podemos realmente deixar nosso passado para trás porque Jesus nos faz novos. Isso significa que, quando Deus olha para nós, ele vê a beleza, a pureza e a perfeição de Cristo em nós. Precisamos nos enxergar dessa maneira também.

Deus lhe garante que tudo é possível quando você crê nele

Ter fé significa crer na Palavra de Deus. Trata-se de ler a Bíblia todos os dias e deixar que ela renove seu coração. É escolher se fortalecer nas promessas de Deus e na Palavra dele mesmo quando você se sentir tentada a duvidar. É viver como quem acredita que aquilo que Deus disse nas Escrituras é a verdade.

Buscar Deus e sua Palavra tão logo apareça o primeiro sinal de medo é uma das maneiras de crescer na fé. "A fé vem por ouvir, isto é, por ouvir as boas-novas a respeito de Cristo" (Rm 10.17). É impossível crescer na fé, a menos que leiamos ou ouçamos a Palavra de Deus. O Senhor deseja que tenhamos uma fé tão forte nele e em sua verdade que não sejamos mais controlados pelo medo.

Ter fé significa crer que Deus ouvirá suas orações e responderá a todas elas, ainda que aquilo em que você acredita não se manifeste de imediato. "A fé mostra a realidade daquilo que esperamos; ela nos dá convicção de coisas que não vemos" (Hb 11.1). Nossa fé mostra que oramos por algo ainda não manifestado e que nossa esperança está no Senhor, o qual nos ouve e responderá à sua maneira, em seu tempo.

Mesmo sem vislumbrar nenhuma possibilidade física de ter um filho, Abraão acreditava que Deus cumpriria a promessa de fazer isso acontecer. Abraão tinha cerca de 100 anos de idade, e sua esposa, Sara, tinha 90. O tempo de gerar filhos havia ficado muito para trás. Mas Abraão não vacilou. Ele cria que Deus faria aquilo que tinha prometido. Ou melhor, ele creu até que começaram a surgir as dúvidas. Então, Abraão e Sara tentaram dar um jeito de ajudar Deus, colocando-se à frente do calendário divino (Gn 15—16).

Deus "traz os mortos de volta à vida e cria coisas novas do nada" (Rm 4.17). Necessitamos ter fé em sua capacidade de fazer isso. O útero de Sara estava morto, mas o Senhor disse que ele reviveria com o filho que ela daria à luz. E foi isso que por fim aconteceu.

A Bíblia diz: "Sem fé é impossível agradar a Deus. Quem deseja se aproximar de Deus deve crer que ele existe e que recompensa aqueles que o buscam" (Hb 11.6). Creio nele de todo o meu coração e sei que ele me recompensou — e continuará a fazê-lo — porque o busco todos os dias. Quando coisas difíceis acontecem e não consigo enxergar uma boa saída, acredito que o Deus do impossível fará algo bom que eu não imagine ser possível. Creio nisso porque, com Deus, tudo é possível.

Os discípulos de Jesus, que andavam com ele todos os dias e testemunhavam seus milagres, pediram: "Faça nossa fé crescer!" (Lc 17.5). No dia em que todos estavam reunidos para a Última Ceia, Jesus falou: "Supliquei em oração por você [...] para que sua fé não vacile" (Lc 22.32). Ele sabia que medo e terror sobreviriam a eles e que a situação seria terrível para todos. Nós também devemos orar para que *nossa* fé não vacile durante os momentos assustadores da vida. A verdade é que "vivemos por fé, e não pelo que vemos" (2Co 5.7). Não podemos continuar olhando para nossos problemas e para aquilo que nos assusta. Precisamos focar naquilo que o nosso Deus todo-poderoso é capaz de fazer e nos lembrar de que nada é impossível para ele. É assim que caminhamos pela fé.

Existem muitas coisas a temer, e ter fé não significa que você jamais sentirá medo. Até mesmo os mais fortes na fé passam por momentos atemorizantes. A fé diz respeito a se erguer acima do medo. *A fé é nosso modo de cura.* A "oração de fé curará o enfermo, e o Senhor o restabelecerá. E, se cometeu algum pecado, será perdoado" (Tg 5.15).

A verdade é que todos têm uma medida de fé (Rm 12.3). Jesus disse: "Eu lhes digo a verdade: se tivessem fé, ainda que do tamanho de uma semente de mostarda, poderiam dizer a este monte: 'Mova-se daqui para lá', e ele se moveria. Nada seria impossível para vocês" (Mt 17.20).

O PODER DA ORAÇÃO QUE DOMINA O MEDO

Quando um pai buscava cura para seu jovem filho, Jesus lhe disse: "Tudo é possível para aquele que crê". No mesmo instante, o pai da criança exclamou: "Eu creio, mas ajude-me a superar minha incredulidade" (Mc 9.23-24). O filho foi curado. Nós também podemos clamar a Deus por mais fé.

O contrário da fé é a dúvida, que foi descrita por Tiago, irmão de Jesus: "Aquele que duvida é como a onda do mar, empurrada e agitada pelo vento" (Tg 1.6). Jesus disse: "Vocês são salvos pela graça, por meio da fé. Isso não vem de vocês; é uma dádiva de Deus" (Ef 2.8). Devemos nos livrar da dúvida e viver na fé que Deus nos concedeu.

Todas as coisas são possíveis para você se você crer no Deus do impossível e naquilo que ele disse em sua Palavra.

Deus guia você por meio do Espírito

Quando andamos segundo nossa natureza humana, seguimos nossos próprios desejos. Queremos o que queremos e quando queremos. Mas, quando andamos no Espírito, seguimos a vontade de Deus e a orientação do Espírito Santo em nós. O Espírito nos ajuda a viver nos caminhos do Senhor e a concentrar nossa mente nas coisas de Deus. "Aqueles que são dominados pela natureza humana pensam em coisas da natureza humana, mas os que são controlados pelo Espírito pensam em coisas que agradam o Espírito" (Rm 8.5). Sempre podemos escolher como iremos viver.

Quando temos uma mentalidade carnal, somos inimigos de Deus e isso não é bom, pois nos traz morte de diversas maneiras. Quando temos uma mente espiritual, vivemos para agradar a Deus e isso nos traz vida. "Pois a mentalidade da natureza humana é sempre inimiga de Deus. Nunca obedeceu às leis de Deus, e nunca obedecerá. Por isso aqueles que ainda estão sob o domínio de sua natureza humana não podem agradar a Deus" (Rm 8.7-8).

Jesus disse: "Rios de água viva brotarão do interior de quem crer em mim" (Jo 7.38). O Espírito Santo é a fonte de água viva que flui do nosso coração.

Quando aceitamos Jesus, recebemos o Espírito de Deus para viver dentro de nós. Ele é o presente de Deus para nós. Mas ser guiado pelo Espírito a partir de então é algo que decidimos fazer. "Todos que são guiados pelo Espírito de Deus são filhos de Deus" (Rm 8.14). Quem não quer ser filho de Deus, guiado por seu Espírito?

No versículo citado, a palavra "guiados" também significa que somos continuamente dirigidos. É um processo gradual. Trata-se de mais que apenas conhecer as leis e os mandamentos de Deus. Implica também ser conduzido a fazer a coisa certa em cada situação. É um impulso no coração que nos ajuda a tomar as decisões corretas. E, diante de decisões cruciais, podemos ser levados a buscar o conselho de outros cristãos firmes, que têm dentro de si o mesmo Espírito e andam segundo o Espírito, e não segundo a natureza humana. Eles podem confirmar se de fato o Espírito está nos guiando ou não.

Deus quer que você permita que as torrentes de água viva fluam de seu coração, portanto não interrompa essa correnteza abrigando a dúvida e a descrença.

Deus a ama, e você é valiosa para ele

Deus diz a seu respeito: "Não tema, pois eu o resgatei; eu o chamei pelo nome, você é meu" (Is 43.1). Ele afirma:

"Pois vocês não receberam um espírito que os torne, de novo, escravos medrosos, mas sim o Espírito de Deus, que os adotou como seus próprios filhos. Agora nós o chamamos '*Aba*, Pai'" (Rm 8.15). *Aba* é um termo carinhoso para "Pai". É como dizer "papai". Refere-se a um relacionamento íntimo.

Quando você tem um pai forte que nunca a abandona, com quem sempre pode contar, você se sente segura e amada, e isso faz seu medo desaparecer. E de fato você tem um pai assim. Ele é seu Deus Pai celestial e é o perfeito amor divino que manda embora todos os temores. Se você ainda sente um medo incapacitante ou perturbador, é porque não foi aperfeiçoada no amor de Deus. Isso requer fé, a consciência de que o único amor perfeito é o amor de Deus. O amor humano é falho e condicional. O amor de Deus é infalível e incondicional. Para crer nisso de todo o coração, é necessário passar tempo com o Senhor.

Deus diz que todo aquele que confia nele e nele deposita sua esperança é "como árvore plantada junto ao rio, com raízes que se estendem até as correntes de água. Não se incomoda com o calor, e suas folhas continuam verdes. Não teme os longos meses de seca, e nunca deixa de produzir frutos" (Jr 17.8). Quando o calor lhe sobrevém, você não murcha porque tem uma fonte de refrigério da qual o descrente não usufrui. Você não precisa temer quando a economia ou suas finanças falharem, porque Deus ainda continuará suprindo suas necessidades.

Jesus disse: "Até os cabelos de sua cabeça estão todos contados. Portanto, não tenham medo; vocês são muito mais valiosos que um bando inteiro de pardais" (Lc 12.7). Isso significa que ele valoriza você. Enxerga os detalhes da sua vida e suas necessidades. Ele compreende você. "O Senhor conhece quem pertence a ele" (2Tm 2.19). Ele conhece seus temores, mas quer ouvir você relatá-los ao orar. Diversas vezes Jesus disse: "Não tema!", e o fez porque sabia que sentiríamos medo.

O amor de Deus, conforme revelado nos atos de Jesus, é perfeito. A aceitação de seu amor e sacrifício amoroso transforma nossa vida. Quanto mais perto de Deus você caminhar, mais se tornará como ele, mais será aperfeiçoada e mais verá seus temores se dissiparem.

– Poder da oração –

Senhor, obrigada por tua graça, que me salvou de todas as maneiras que eu poderia ser salva. Obrigada porque, em tua misericórdia, tu enviaste teu amor para me fortalecer, para me curar e para mandar meus temores embora. Obrigada porque tua Palavra me lembra de que estás comigo e és por mim em todos os momentos. Portanto, não preciso viver com medo de quem é contra mim. Contigo ao meu lado, quem pode me vencer? Ajuda-me a me alicerçar em tua Palavra e a orar a ti sem cessar.

Capacita-me a crescer com fé inabalável em ti e a ter uma vida de acordo com a orientação do teu Espírito Santo. Grava tua Palavra no meu coração, para que eu jamais me esqueça dela. Ajuda-me a manter tua Palavra na mente em todas as ocasiões, para que ela se torne parte de mim. Obrigada porque do meu coração brotam "rios de água viva" provenientes do teu Espírito Santo dentro de mim (Jo 7.38). Ajuda-me a nunca deter essa torrente com a descrença.

Obrigada por teu poder para me libertar das garras do medo e da ansiedade. Obrigada porque, ao me chamares para fazer algo que me assusta, tu permaneces comigo e me capacitas para a tarefa. Protege-me das coisas que eu temo e de todos os perigos que me espreitam, ainda que eu não tenha consciência deles. Ensina-me a nunca me esquecer de que tu sempre estás comigo. Capacita-me a enxergar da tua perspectiva as coisas que me assustam. Ajuda-me a fazer tudo que preciso fazer.

Mostra-me como viver em teu reino pelo poder do teu Espírito, e não no mundo de acordo com meus próprios desejos. Aumenta minha fé a cada dia enquanto leio tua Palavra e caminho contigo. Obrigada por me amares e me fazeres valiosa para ti.

Em nome de Jesus, amém.

– Poder da Palavra –

Eu sou a porta. Quem entrar por mim será salvo.
Entrará e sairá e encontrará pasto.
João 10.9

Deus é nosso refúgio e nossa força,
sempre pronto a nos socorrer em tempos de aflição.
Salmos 46.1

Não tenha medo, pois estou com você;
não desanime, pois sou o seu Deus.
Eu o fortalecerei e o ajudarei;
com minha vitoriosa mão direita o sustentarei.
Isaías 41.10

O QUE A BÍBLIA DIZ SOBRE O MEDO?

*Clamei ao Senhor em meu desespero, e ele me ouviu;
livrou-me de todas as minhas angústias.*
Salmos 34.6

*O Senhor é bom; é forte refúgio quando vem a aflição.
Está perto dos que nele confiam.*
Naum 1.7

4

Qual é o medo que Deus permite que experimentemos?

Nem todo medo é ruim. Deus permite que sintamos um pouco de medo como parte de sua proteção para nós. Esse tipo de medo pode salvar nossa vida. Portanto, é possível que o medo seja uma coisa boa, mas precisamos saber discernir quando isso acontece. Qualquer medo que nos fira, paralise, torture ou afaste de um relacionamento íntimo com Deus é destrutivo, ou seja, de um tipo que o Senhor não deseja que tenhamos. Qualquer medo que nos leve na direção de Deus, que nos coloque mais perto dele, que nos mantenha seguros ou nos leve a fazer a coisa certa é bom. Por exemplo, se permitirmos que o pecado se infiltre em nossa vida, sentiremos medo até que o levemos perante Deus e nos arrependamos. "Se você estiver fazendo algo errado, é evidente que deve temer" (Rm 13.4). O Espírito Santo nos convencerá daquilo que fazemos e que não agrada a Deus.

O sentimento de medo pode, na verdade, ser um apelo do Espírito Santo, e não devemos ignorá-lo. Em vez disso, precisamos levá-lo a Deus e pedir discernimento. O Senhor dirá se há sabedoria em dar atenção a esse temor ou se não há base para considerá-lo. Se há bons motivos para temer, peça direcionamento divino imediato. Pode ser algum perigo do qual

O PODER DA ORAÇÃO QUE DOMINA O MEDO

Deus quer que você saiba a fim de tomar a atitude adequada. Ou o Senhor pode estar chamando você a orar sobre algo que assusta outras pessoas.

Pode haver perigos em toda parte. Seremos sábios se tivermos consciência disso e orarmos continuamente em busca de orientação. Você pode estar cuidando de atividades pessoais no trabalho, em um evento, na escola, em sua casa ou no carro, ou mesmo em um espaço público, e então os planos violentos do mal invadem de repente esse lugar. É por isso que precisamos pedir sabedoria a Deus para todas as decisões que tomamos, em todos os lugares aonde vamos e para tudo aquilo que fazemos. Se não tivermos paz em relação a essas coisas, não será possível agir como se a tivéssemos. Não podemos deixar de orar e interceder até que recebamos um direcionamento claro.

Algumas pessoas parecem destemidas e fazem coisas perigosas sem antes buscar orientação divina. Sem Deus, são tolas, nem um pouco sábias. Isso se aplica sobretudo àqueles que nunca passaram por situações assustadoras ou não entendem as possíveis consequências de agir irresponsavelmente. Por exemplo, quantas mulheres jovens se colocam em posição de vulnerabilidade sem jamais suspeitar que alguém motivado pelo mal pode estar a observá-las? Ficamos sabendo de muitas mulheres que saem para correr sozinhas no campo ou em um parque no início da noite e só são vistas novamente quando seu cadáver é encontrado.

É por isso que o medo saudável é necessário. Essas mulheres não são destemidas. Elas apenas não têm noção da realidade. Acham que nada pode lhes acontecer. Não entendem que o mal pode estar em qualquer lugar e que não devemos nos colocar na posição de presas fáceis para indivíduos perversos. Quando prevemos os possíveis perigos ou a presença do mal, o temor positivo pode nos levar a nos acautelarmos sabiamente. O temor positivo pode salvar nossa vida de muitos perigos. O medo saudável é um chamado para buscar a orientação e a proteção divina.

Uma das estatísticas mais terríveis é a do número de mulheres assassinadas pelo marido ou namorado. E igualmente terrível é o número de filhos mortos pelo pai ou pela mãe a cada ano. Devemos nos manter em oração pelas famílias. O reconhecimento de que coisas ruins podem acontecer a qualquer instante fará você permanecer em oração todos os dias por sua própria segurança e a de seus amados. Caso sinta que você ou seus filhos correm perigo de qualquer tipo por causa de seu cônjuge ou namorado, livre-se agora mesmo desse risco. Não se torne uma estatística por achar que está fazendo algo nobre ao permanecer onde está ou por ser destemida e achar que não vai acontecer com você.

O tipo de medo que Deus permite sempre atrai para mais perto dele em oração e para um conhecimento mais profundo de sua Palavra, a fim de que você obtenha força e direcionamento. Tudo isso a ajuda a sentir melhor as instruções do Espírito Santo.

Não presuma nada; não ache que você sabe tudo

Só Deus sabe tudo. Nós não. Algumas pessoas acham que sabem, mas isso nunca é bom. O medo positivo nos impede de sermos sabichões. O rei Davi pediu a Deus em oração que o afastasse de faltas ocultas e pecados intencionais (Sl 19.12-13). Nós necessitamos desse tipo de sabedoria espiritual no coração e na mente. "Se alguém pensa que sabe tudo sobre algo, ainda não aprendeu como deveria" (1Co 8.2).

Davi disse: "A lei do Senhor é perfeita e revigora a alma. Os decretos do Senhor são dignos de confiança e dão sabedoria aos ingênuos. Os preceitos do Senhor são justos e alegram o coração. Os mandamentos do Senhor são límpidos e iluminam a vida" (Sl 19.7-8). E prosseguiu afirmando que os mandamentos de Deus "são uma advertência para teu servo, grande recompensa para quem os cumpre" (Sl 19.11).

As Escrituras expõem o que se passa em nossa alma. Elas nos tornam sábios e nos advertem quanto ao perigo.

A Palavra de Deus nos revela a vontade dele para nós. Por exemplo, sabemos, com base na Palavra, que a vontade de Deus é que o amemos e o adoremos, obedeçamos a seus mandamentos e nos amemos uns aos outros. Mas não podemos presumir que conhecemos a vontade do Senhor acerca de todas as particularidades de nossa vida — por exemplo, com quem vamos nos casar, em que casa devemos morar, onde trabalhar e o que fazer com o tempo livre. Devemos buscar a Deus e depender dele para nos mostrar o que precisamos saber acerca dessas coisas. Isso significa estar em contato íntimo com ele em oração, em sua Palavra e em adoração diária. E, se possível, devemos fazer isso cedo, no início do dia. Não podemos sair de casa sem o direcionamento, a orientação e a sabedoria do Espírito Santo de Deus em nossa mente e em nosso coração.

Ler a Palavra, orar, adorar a Deus e obedecer a ele correspondem a fazer nossa parte, mas também precisamos ter consciência do que acontece ao nosso redor e sabedoria quanto ao que é possível. Isso requer que andemos bem perto de Deus. Por exemplo, quantas vezes, ao ouvir notícias sobre jovens mulheres que foram estupradas e assassinadas, somos informados de que elas estavam bebendo em um bar tarde da noite ou que voltaram para casa andando sozinhas ou dirigiram por conta própria? Estupro e homicídio nunca são culpa da vítima, não importa quanto a mulher facilite para o culpado. A culpa sempre é do estuprador e do assassino. No entanto, em alguns casos, até mesmo uma migalha de discernimento espiritual, sabedoria e senso de temor saudável quanto às possibilidades teria potencial para salvar a vida de uma dessas jovens.

Todos nós precisamos buscar sabedoria e discernimento para saber se devemos incluir determinadas pessoas em nossa vida pessoal ou não. Quantas mulheres permitem que o homem errado acesse sua intimidade e essa acaba sendo a pior escolha que já fizeram? O que é que elas deixam de perceber antes que a situação se torne mortal? Não estou, de maneira nenhuma, culpando a mulher, porque há homens que são mestres do engano e do disfarce. Eles se esforçam ao máximo para dissimular seu verdadeiro caráter diante da vítima. O contrário também pode ser verdadeiro. Quantos homens permitem que a mulher errada entre em sua vida e esse se torna um erro desastroso? Ele brinca com as emoções dela e depois a deixa; então, ela se vinga.

Não devemos ignorar os sentimentos de desconforto ou medo que temos em relação a alguém ou a determinada situação, pois podem ser sinais de advertência que nos impelem a tomar um rumo diferente. Precisamos dar ouvidos a nossas intuições, as quais Deus permite que tenhamos para o nosso próprio bem.

Todo medo que sentimos deve nos levar a Deus em oração e a buscar orientação em sua Palavra.

Devemos perguntar a Deus se nossos temores são preocupações legítimas ou completamente induzidas por mentiras,

O PODER DA ORAÇÃO QUE DOMINA O MEDO

ou mesmo se não têm qualquer fundamento. O Senhor não quer que o medo nos torture, mas deseja nos dar discernimento em todas as situações. O medo autorizado por Deus nos leva a buscar sua proteção.

Infelizmente, a essa altura, todos já aprendemos a não presumir que nada pode acontecer de errado na escola de nossos filhos. Muito antes dos registros de tiroteio nas escolas, o pensamento de que as crianças não estariam seguras enquanto estudavam nem cruzava nossa mente. Nossas preocupações de pais giravam em torno principalmente de como as outras crianças poderiam machucar nossos filhos ou expô-los a alguma forma de mal, fazendo *bullying* e lhes causando medo. Sempre oramos pela segurança deles, mas nem em nossa fantasia mais remota conseguiríamos imaginar as coisas terríveis que têm acontecido dentro das escolas ultimamente.

Depois de escrever o livro *O poder dos pais que oram*, passei anos palestrando em diferentes escolas, incentivando os pais a criar grupos de oração na escola dos filhos ou no próprio lar, a fim de interceder pelos filhos e pela segurança da escola em si. Mães e avós apareciam em grandes números, e muitas delas acabavam combinando de se reunir uma manhã por semana na escola ou na casa de alguém.

Essas mães piedosas tinham um medo saudável do que poderia acontecer. Elas também compreendiam o poder da oração e da fé na Palavra de Deus, além de saber o que o Senhor é capaz de fazer em resposta a suas preces. Elas se reuniam com a intenção de orar pedindo a cobertura da proteção divina sobre os filhos e a escola de todas as maneiras possíveis. Todas essas escolas em que falei eram cristãs, porque, em muitos casos, Deus e o cristianismo são barrados das escolas públicas e também das particulares não cristãs. Mas qualquer mãe pode criar um pequeno grupo de oração dentro do próprio lar, com reuniões regulares.

Jesus disse: "Onde dois ou três se reúnem em meu nome, eu estou no meio deles" (Mt 18.20). A promessa de que a presença de Deus estará lá quando orarmos juntos, mesmo que com apenas uma pessoa a mais, deve ser levada muito a sério. É por isso que tenho um grupo de oração que se reúne em minha casa há mais de trinta anos. Todos temos medo do que pode vir a acontecer se não orarmos. E esse é um temor positivo.

A invasão do mal já foi muito além de nossos maiores temores, colocando todos os pais fiéis de joelhos em oração e dependência diante de Deus. Uma vez que a oração pelos filhos só termina quando formos nos encontrar com o Senhor, escrevi o livro *O poder de orar pelos filhos adultos*. Todos nós que somos pais sabemos que as preocupações pelos filhos não terminam quando eles saem de casa. Pelo contrário, elas aumentam. O mal que ameaça a vida deles nunca cessa, por isso nunca devemos deixar de cobri-los em oração, a despeito da idade que tenham. Enquanto escrevo este livro, meus filhos estão na casa dos trinta e quarenta anos de idade, mas eu continuo a orar por eles em meu grupo de oração. E agora oro por meus netos também.

Nunca devemos presumir que sabemos tudo.

Não ignore o discernimento que Deus lhe deu

Além de nos dar instruções, orientação e advertências, Deus nos faz discernir pessoas e situações. Depende de nós se daremos ouvido a nossas intuições ou não. Não precisamos viver ansiosos o tempo inteiro, mas necessitamos de discernimento.

Há situações nas quais temos de tomar decisões instantâneas e confiar em nossos instintos o bastante para escolher o melhor. É possível discernir se o que estamos sentindo é, de fato, um toque do Espírito Santo em nosso coração. Sempre devemos pedir a Deus que nos mostre se nossa hesitação ou sentimento de desconforto vem dele. Lembre-se de que há ocasiões nas quais Deus permite que sintamos medo a fim de nos manter voltados para ele, que é nosso grande porto seguro. Ele quer que busquemos sua orientação para tudo que fazemos ou permitimos em nossa vida.

Não desconsidere nenhuma suspeita que tiver em relação a uma pessoa ou circunstância. Se algo a deixa insegura, faça uma oração silenciosa imediatamente. Diga: "Senhor, esteja no controle desta situação. Mostra-me o que devo fazer e me capacita para isso". Caso você se sinta intimidada ou com medo de alguém, não ignore tais sentimentos. Afaste-se dessa pessoa o mais rapidamente possível.

A raiva é uma grande bandeira vermelha. As pessoas que sentem raiva o tempo inteiro correm mais risco de sofrer ataque cardíaco e têm maior probabilidade de causar dano a si e aos outros. A raiva precisa ir a algum lugar — ou para dentro ou para fora. Se uma pessoa irada a deixa temerosa, saia de perto. Pergunte prontamente a Deus o que você deve fazer. Diga: "Senhor, mostra-me o que fazer em relação a essa pessoa raivosa que me deixa com medo". Então, faça o que Deus lhe mostrar.

Deus quer que o busquemos acerca de todas as pessoas que permitimos entrar em nossa vida. Ele deseja que caminhemos bem perto dele, buscando-o todos os dias em oração, louvando-o com frequência e lendo sua Palavra diariamente, pois todas essas coisas nos ajudam a conseguir ouvir sua voz em nosso coração e nossa mente.

Se todos os dias você abaixar o volume de sua vida a fim de conseguir ouvir a voz mansa do Senhor lhe falando ao coração, terá melhores condições de confiar em seus próprios instintos. Se aquietar a alma o suficiente para ouvir as instruções divinas, ele lhe dirá: "Não vá por este caminho, ande por aqui", "Não vá a este lugar, vá ali". Talvez ele diga: "A preocupação que você sente em relação a essa pessoa vem de mim, então não a acompanhe", ou "Não vá andando para casa sozinha no escuro".

Se você der ouvidos às sugestões do Senhor, sua vida será salva todos os dias. Não negue seu lado intuitivo ao caminhar com Deus. O temor que você sente pode ser uma dádiva divina a fim de que o Espírito Santo possa guiá-la até um lugar de segurança.

Não subestime seu medo de assédio

Conforme explicado acima, precisamos escolher com cuidado as pessoas que permitimos entrar em nossa vida.

Aprendi isso da maneira mais difícil. Eu costumava pensar: "É sempre bom ajudar alguém, não é mesmo? É sempre bom chamar alguém que você viu na igreja para entrar em sua casa, pois essa pessoa com certeza vem de Deus". Eu fiz isso anos atrás sem nem pensar em consultar ao Senhor. Não tinha medo porque o que acabou acontecendo jamais me passou pela mente. Então, nem orei sobre o assunto. Quando percebi o que se passava, já era tarde demais.

Em certa ocasião, quando meus filhos estavam começando um novo ano letivo no ensino fundamental, havia uma jovem mulher esperando por mim na escola — eu havia ido até lá a fim de buscar as crianças e levá-las para casa. Descobri que o filho dela estudava na mesma sala que o meu. Ela era gentil, doce e amistosa. Apresentou-se então como Sandy (não é seu nome verdadeiro). Disse que havia lido minha autobiografia e se identificado com os detalhes referentes ao abuso quando criança. Ela havia passado por algo bem semelhante com um dos pais. Percebi que o abusador não era a mãe, a qual, segundo Sandy me contou, pagava para que o neto estudasse naquela pequena escola cristã particular. Além disso, a julgar por algumas das coisas que me disse, suspeitei que o abuso que ela havia sofrido incluía algo de natureza sexual, que, a meu ver, é sempre muito mais danoso para a alma de uma criança que qualquer outro tipo de abuso. Não pedi nenhum detalhe. Apenas ouvi. Ela me agradeceu por lhe dar a esperança de que um dia conseguiria se recuperar do passado. Então, perguntou qual igreja nós frequentávamos e eu lhe contei.

Todo dia, depois da aula, quando eu aparecia para buscar meus filhos, ela estava lá esperando para conversar comigo. Falávamos principalmente sobre a recuperação de traumas emocionais. Conheci a mãe, o filho e o marido dela. Todos pareciam ser uma ótima família.

Na manhã do domingo seguinte, minha família e eu chegamos à igreja e deixei cada um de meus filhos na respectiva classe da escola dominical, como de costume. Ao entrar no templo, porém, Sandy estava esperando por mim à porta. Fiquei feliz ao ver que ela e a família haviam decidido frequentar nossa igreja. Descobri que eles moravam em um apartamento próximo dali.

O marido de Sandy tinha uma empresa de serviços de manutenção doméstica e ela o auxiliava. Por isso, quando ela me contou que a demanda de trabalho estava bem baixa, eu os

QUAL É O MEDO QUE DEUS PERMITE QUE EXPERIMENTEMOS?

contratei para fazer alguns reparos na casa de meu pai. Depois da morte de minha mãe, nós o ajudamos a se mudar para uma casa menor, que ficava a cerca de uma hora de distância da nossa. Percebi que o trabalho deles era de boa qualidade, então os chamei para fazer consertos em nossa casa também.

Sandy mencionou que precisava dar um jeito no cabelo, pois havia tentado pintar de um tom bem claro de loiro e acabara fritando os fios. Perguntou quem era meu cabeleireiro e eu lhe contei. Ela também descobriu quais lojas eu frequentava e em quais cultos da igreja eu ia durante a semana. Durante todo esse tempo, eu imaginava estar ajudando uma pessoa em necessidade, sem perceber que, de fato, estava caindo em uma armadilha.

Aos poucos, em quase todos os lugares aonde eu ia, Sandy estava à porta me esperando. Percebi quanto ela era carente, mas me incomodava o fato de ela sentir que eu tinha todas as respostas para ajudá-la a sair de seu tormento emocional. Eu a conduzia ao Senhor de todas as maneiras que podia, mas ela insistia em afirmar que eu era a única pessoa capaz de ajudá-la. Essa dependência danosa era um péssimo sinal, de modo que eu lhe disse que somente o Senhor e um terapeuta profissional poderiam ajudá-la de verdade, mas que eu oraria para que ela fosse curada e liberta.

Ao longo dos meses seguintes, fui me dando conta do que estava acontecendo e de quanto a situação era séria. Tentei encaminhá-la a um auxílio profissional, mas ela estava focada em me fazer consertar tudo por ela. Sandy disse que pensava que eu poderia ser a mãe que ela nunca teve, o que me surpreendeu. Ao que tudo indica, a mãe dela nunca a livrou das mãos do abusador. Fiz um apelo ao marido dela, para que lhe conseguisse ajuda, mas, embora ele tivesse forte consciência do problema da esposa, também tinha a expectativa de que eu conseguiria ajudá-la. Ele contou ao meu esposo e a mim que estava no fim das esperanças, pois ela havia começado a causar medo tanto a ele quanto ao filho e à sogra.

Quanto mais eu procurava me distanciar de Sandy, mais ela tentava me incluir em sua vida. Logo ela começou a agir de maneira estranha, telefonando de trinta a quarenta vezes por dia para minha casa, deixando mensagens com vozes de tom demoníaco em minha secretária eletrônica, ameaçando matar meus filhos caso eu não a ajudasse. Ficou evidente que ela tinha múltiplas personalidades, fato que foi confirmado por seu esposo. Seu comportamento nos aterrorizava, pois não sabíamos o que ela seria capaz de fazer.

Com frequência, no meio da noite, Sandy vinha até nossa casa, pulava a cerca e olhava para dentro das janelas. Ao me contar que havia feito isso, apresentava provas descrevendo algo na casa que só alguém que estivera lá poderia ter visto. Meu marido Michael e eu orávamos sem cessar para que Deus tirasse esse fardo terrível de nós. E pedimos a outros amigos íntimos que orassem conosco também. Mas nada mudou.

Quando chamamos a polícia, o oficial que veio à nossa casa nos informou que não poderiam fazer nada a menos que o perseguidor invadisse. "Mas nesse caso já terá sido tarde demais!", implorei. "Algo precisa ser feito antes disso!"

Eles nos aconselharam a procurar um advogado e a conseguir uma ordem de restrição judicial contra ela. Fizemos isso e, surpreendentemente, ela compareceu ao tribunal. O juiz a advertiu severamente quanto a perseguir a mim e minha família, mas isso não a impediu em nada. O telefone tocava e continuava a chover ameaças, como se a ordem de restrição judicial nunca tivesse existido. Eu temia por nossa vida a todo

QUAL É O MEDO QUE DEUS PERMITE QUE EXPERIMENTEMOS?

momento. Ligamos para a polícia diversas vezes, mas sempre éramos informados de que nada poderiam fazer a menos que a pessoa entrasse em nossa casa e então ameaçasse nossa vida.

Essa experiência nos mostrou que uma ordem de restrição judicial é inútil para manter longe uma pessoa louca. A ordem nada significa para o perseguidor. Mas você precisa ter esse mandado porque, quando ligar para a polícia a fim de relatar que a pessoa está invadindo, eles saibam de quem se trata. E a boa notícia é que, se você for assassinada, a suspeita recai sobre a pessoa citada na ordem de restrição. (Imagino que você concorde que essa notícia não é boa o suficiente.)

Quando perguntei ao policial o que mais ele aconselhava que fizéssemos, ele sugeriu que contratássemos guarda-costas ou que nos mudássemos para outro lugar. Nenhuma dessas opções era interessante para nós, por causa das grandes despesas envolvidas. Mas acabamos nos decidindo por ambas. O policial me indicou uma empresa de segurança. Telefonamos para lá e contratamos dois guarda-costas para proteger nossa casa por dez horas durante a noite, a fim de que conseguíssemos dormir. Aquele tipo de proteção saía tão caro que se revelou totalmente insustentável, mas sentimos que não havia outra escolha naquele momento. A possibilidade de uma perseguidora insana cumprir as ameaças que fazia não podia ser minimizada ou ignorada.

Os guarda-costas nos relataram as várias ocasiões em que viram aquela mulher aparecer na rua de nossa casa, às vezes de carro, às vezes a pé. Em todas as ocasiões, ela foi embora assim que os viu.

Por meio dos muitos telefonemas assustadores que Sandy fazia todos os dias, percebíamos que ela estava piorando. Ela havia passado de uma doce jovem para alguém que agia como se estivesse possuído por demônio. Meu temor era insuportável e estava afetando minha saúde, pois eu não conseguia dormir o suficiente. Poupamos nossos filhos do conhecimento de toda essa situação, para que não se assustassem. E eu os vigiava bem de perto.

Em seguida, escolhemos a única opção que nos restava: vendemos a casa. A venda foi concluída com rapidez, e creio que isso foi uma resposta de Deus a nossas orações. Nós nos mudamos silenciosa e secretamente para outra cidade e não deixamos o novo endereço. Deixei de frequentar todos os lugares a que costumava ir e encontrei novos estabelecimentos.

Foi a época mais assustadora da minha vida depois de ter aceitado a Cristo. Eu sabia que não havia saída daquela situação, a menos que Deus operasse um milagre. Oramos para que ele agisse em nosso favor e nos salvasse do inimigo, que estava atuando por meio de Sandy para nos atormentar com medo. Pedimos a Deus que a tirasse de nossa vida e a levasse para algum lugar onde pudesse encontrar ajuda. E ele por fim respondeu à nossa oração.

Descobri mais tarde, conversando com alguém que conhecia a família dela, que seu esposo e sua mãe conseguiram interná-la em um hospital psiquiátrico em uma cidade a muitas horas ao sul de onde morávamos. Depois disso, entramos em um período de necessária paz. Mas nunca me esqueci de quanto o medo é terrível quando nossa própria vida e a vida de nossos filhos é ameaçada sem que pareça existir uma saída. Nós nos sentíamos impotentes. Também percebi como Deus nos protegeu em resposta às orações fervorosas nas quais lhe apresentávamos nossos medos. O Senhor abriu um caminho para a segurança que só ele seria capaz de proporcionar.

QUAL É O MEDO QUE DEUS PERMITE QUE EXPERIMENTEMOS?

Reconheço que eu era muito ingênua naquela época. Meus pressupostos estavam errados. Presumi que uma pessoa que frequenta a igreja e coloca os filhos em uma escola cristã certamente é boa e confiável. Como eu estava errada! Precisamos pedir a Deus que nos mostre a verdade acerca de todos à nossa volta e nos revele a quem podemos confiar nossa vida pessoal. Quantas pessoas dariam esse testemunho hoje se tão somente estivessem vivas para contar sua história?

Jesus conhecia o coração, o caráter e as intenções de todos aqueles com quem interagiu enquanto estava na terra. Ele ainda conhece o coração, o caráter e as intenções de todas as pessoas e, por intermédio de seu Espírito, os revelará a nós quando lhe pedirmos que o faça. Mas precisamos pedir por esse tipo de discernimento em vez de esperar até que nos encontremos em meio a uma crise.

A pessoa não precisa ser uma perseguidora inveterada para cometer assédio. Qualquer indivíduo que seja obcecado por outra pessoa e cuja presença cause incômodo está fora do comportamento aceitável. Essa anormalidade pode ser terrivelmente agravada quando o alvo da obsessão deseja colocar fim à situação de proximidade.

Sei que o fato de alguém ser gentil com você não significa que essa pessoa seja boa ou mentalmente sã. Não ache que as outras pessoas são exatamente como você, pensam como você e são tão decentes quanto você. Só porque você é alguém do bem, alguém que pensa nos outros, não significa que todos são assim também.

Se você suspeitar de alguém ou de alguma situação, dê atenção a isso. Caso se sinta hesitante em entrar em um elevador com apenas um homem — ou uma mulher — ali dentro, não entre. Vire-se e ande para a outra direção, como se tivesse acabado de se lembrar de algo que precisa fazer. Esse medo protetor é dado por Deus, portanto dê graças ao Senhor por todas as advertências ou preocupações que tiver nesse sentido. Não minimize o medo de ser assediada por alguém.

Peça a Deus o discernimento que só ele é capaz de lhe dar. Não se repreenda caso sinta medo. Peça ao Senhor que lhe mostre a verdade acerca da pessoa ou situação e pergunte a ele como agir segundo seu próprio bom senso e seus instintos. Peça que lhe revele o medo autorizado por ele para sua segurança e proteção.

Leve a sério cada sentimento de ansiedade e temor que você tiver e apresente-o a Deus. Permaneça perto do Senhor para que sempre ouça a voz dele lhe falando ao coração. Ore antes de ir a qualquer lugar e antes de tomar qualquer decisão sobre onde ir e o que fazer. Agradeça com antecedência as advertências e as sugestões divinas.

Não deixe de se entregar àquilo que Deus a chama a fazer

Deus às vezes pede que nos rendamos exatamente àquilo que tememos ou não queremos fazer. É por isso que ele deseja que morramos para tudo a que nos apegamos e nos voltemos para ele. Mas precisamos saber com clareza qual é a vontade de Deus e entender a Palavra dele ao nosso coração.

O profeta Jeremias proclamou a Zedequias, rei de Judá, uma palavra do Senhor, dizendo: "Então Jeremias disse a Zedequias: 'Assim diz o Senhor, o Deus dos Exércitos, o Deus de Israel: Se você se render aos oficiais babilônios, você e sua família viverão, e a cidade não será queimada. Mas, se não se

QUAL É O MEDO QUE DEUS PERMITE QUE EXPERIMENTEMOS?

render, não escapará! A cidade será entregue aos babilônios, e eles a queimarão de alto a baixo'" (Jr 38.17-18).

Não era isso que Zedequias queria ouvir. Aliás, era exatamente o contrário do que ele estava pensando. Deus estava dizendo que, se o rei se entregasse ao inimigo, seria salvo de outro adversário. Quando o rei falou que estava com medo de fazer isso, Jeremias aconselhou: "Você não será entregue a eles se obedecer ao SENHOR. Sua vida será poupada, e tudo lhe irá bem" (Jr 38.20).

Em vez de orar para se acertar com Deus, o rei continuou a se rebelar. Por isso, tudo que o Senhor advertiu que ocorreria com ele e com o povo se tornou realidade. Zedequias deveria ter entregado a vida a Deus e obedecido ao que ele lhe dissera.

Daniel, um homem poderoso de Deus, lembrou seu povo de que o desastre sobreviria, conforme estava escrito na lei de Moisés, caso não se humilhassem perante Deus e se arrependessem de seus pecados (ver Dt 28.15-20). As pessoas se recusaram a abrir mão da impiedade até mesmo quando Daniel lhes informou que a temida tragédia se tornaria realidade por não terem obedecido ao Senhor (Dn 9.13-14).

Daniel confessou a Deus os pecados do povo e orou pedindo que a ira divina retrocedesse e Jerusalém fosse poupada. O profeta clamou: "Nós pecamos e estamos cheios de maldade. De acordo com toda a tua justiça, Senhor, desvia tua ira furiosa de Jerusalém, tua cidade e teu santo monte. Como resultado de nossos pecados e dos pecados de nossos antepassados, todas as nações vizinhas zombam de Jerusalém e de teu povo" (Dn 9.15-16).

Embora a vida de Daniel fosse impecavelmente justa — e ele próprio, um intercessor poderoso —, o profeta apelou para que Deus tivesse misericórdia do povo pecador.

O PODER DA ORAÇÃO QUE DOMINA O MEDO

Daniel pediu a Deus que desse ouvidos à sua oração, não porque ele ou as outras pessoas fossem boas, mas porque o Senhor é misericordioso. O profeta pediu: "Ó meu Deus, inclina-te e ouve-me [...]. Fazemos esta súplica não porque merecemos, mas por causa de tua misericórdia" (Dn 9.18).

Daniel jejuou e orou por três semanas inteiras por causa da condição terrível de Jerusalém (Dn 10.2-3). Por fim, um ser angelical apareceu para Daniel e o fez tremer de medo. O anjo disse: "Não tenha medo, Daniel. Pois, desde o primeiro dia em que você começou a orar por entendimento e a se humilhar diante de seu Deus, seu pedido foi ouvido. Eu vim em resposta à sua oração. Por 21 dias, porém, o príncipe do reino da Pérsia me impediu. Então Miguel, um dos príncipes mais importantes, veio me ajudar, e eu o deixei ali com os reis da Pérsia" (Dn 10.12-13). As orações de Daniel foram ouvidas, mas havia uma batalha espiritual em andamento, e ela atrasou a resposta divina.

Além de ilustrar com clareza como a oração e o jejum podem afetar o resultado de situações que vivenciamos, esse episódio também mostra que, mesmo que não vejamos a resposta às nossas orações, podemos confiar que Deus está trabalhando em nosso favor quando nos rendemos a ele.

Jesus disse: "Quem pertence a Deus ouve as palavras de Deus" (Jo 8.47). *Quando nos rendemos a Deus, nós o ouvimos falar ao nosso coração.* Jesus também disse que não poderia fazer nada sozinho (Jo 5.30). Ele necessitava do poder de Deus.

Assim como Jesus, precisamos que o poder de Deus opere em nós a fim de fazermos aquilo que ele deseja. A todos que se comprometem a resistir aos temores na presença de Deus, ele capacita a superá-los.

Deus permite que experimentemos certo temor porque, nesse processo, nos ensina a confiar nele. Podemos confiar que nossas "dificuldades e provações [...] contribuem para desenvolvermos perseverança, e a perseverança produz caráter aprovado, e o caráter aprovado fortalece nossa esperança" (Rm 5.3-4). E tudo isso acontece "pois sabemos quanto Deus nos ama, uma vez que ele nos deu o Espírito Santo para nos encher o coração com seu amor" (Rm 5.5).

Quando glorificamos a Deus durante uma fase turbulenta, louvando-o e exaltando-o, aprendemos a perseverar, a crescer em caráter e a viver em esperança. O motivo para ter esperança é que o amor divino foi derramado em nós pelo Espírito Santo, que vive em nosso coração.

Não deixe de produzir o fruto do Espírito

Quando andamos com Deus pelo poder de seu Espírito todos os dias, o fruto do Espírito cresce dentro de nós. Essas virtudes não são algo que podemos produzir mediante esforços próprios. Elas transparecem em nós quando somos controlados pelo Espírito. Se pararmos de produzir o fruto, teremos motivos para temer, pois não estaremos vivendo da maneira que Deus deseja.

A Bíblia menciona nove maneiras pelas quais o fruto do Espírito se manifesta.

As três primeiras manifestações do fruto do Espírito são amor, alegria e paz.

Essas amostras do fruto do Espírito só podem vir de Deus em sua dimensão plena, pois somente ele é todas essas coisas. Ele é amor. Ele é alegria. Ele é paz. Ele se derrama em nós pelo poder de seu Espírito em nossa vida. Sem Deus, não somos capazes de começar a produzir amor, alegria e paz tanto quanto ele deseja para nós.

O fruto do Espírito é formado por qualidades de Deus que ele nos concede quando lhe entregamos a vida e permitimos que opere em nós. Essas qualidades nos são dadas em uma profundidade que não conseguiríamos conquistar por conta própria. Recebemos um amor completo e incondicional que nos cura e sustenta. Podemos estender nosso amor superficial, ter paz por alguns instantes e tentar reunir aquilo que achamos ser alegria, mas tudo isso é, no máximo, passageiro.

Tais virtudes não são momentâneas, mas infalíveis. Isso porque elas vêm de Deus, e *ele* é infalível. Seu amor é incessante e incondicional. A paz que ele nos dá não vacila. A alegria que sentimos é como um magnífico e duradouro nascer do sol em nosso coração, de uma forma que jamais poderíamos imaginar. Essas coisas não podem ser vivenciadas fora de nossa conexão com ele, ou seja, sem que seu Espírito habite em nós.

Outras três manifestações do fruto do Espírito são paciência, amabilidade e bondade.

Elas dizem respeito a nossa atitude e nossos atos em relação aos outros. Se formos consistentemente pacientes, amáveis e bondosos com as outras pessoas, estaremos exibindo as características de Deus. Isso não significa que decidimos ser pacientes em um momento específico, nem que escolhemos ser bondosos para uma pessoa específica alguns minutos por dia, nem mesmo que somos amáveis quando os outros estão observando. Revelar o fruto dessas maneiras quer dizer que somos pacientes, amáveis e bondosos com os outros o dia inteiro, todo dia, porque é assim que somos. Não escolhemos os momentos de paciência. Não decidimos ser bondosos agora que a outra pessoa está fazendo o que queremos. Não nos determinamos a fazer algo bom hoje a fim de compensar todas as vezes que não agimos assim.

QUAL É O MEDO QUE DEUS PERMITE QUE EXPERIMENTEMOS?

Quando somos verdadeiramente guiados pelo Espírito e é ele mesmo quem planta as sementes de seu fruto em nosso interior, produzimos uma colheita farta porque nos tornamos fartas. Isso não significa que nunca teremos lapsos. Um lapso quer dizer que temporariamente deixamos a carne tomar alguma decisão e ter poder em nossa vida. Significa que não deixamos de andar no Espírito. Mas podemos rapidamente corrigir isso ao confessar nosso desvio, arrepender-nos dele e aproximar-nos novamente de Deus.

E há mais outras três manifestações do fruto do Espírito: fidelidade, mansidão e domínio próprio.

Quando somos guiados para ser fiéis, mansos e dotados de autocontrole, não agimos mal. Caso percebamos em nós algum mau comportamento ou alguma atitude contrária a essas manifestações do fruto do Espírito, em nossa mente e coração deve disparar um alarme sinalizando que não estamos andando no Espírito de Deus.

Se você notar que está sendo maldosa, desagradável, rude, ríspida, desrespeitosa e descontrolada perante os outros ou que está dirigindo esse pecado a alguém, vá de imediato à presença do Senhor e confesse-lhe o erro. Esteja disposta a abrir mão do que você pensa ser um direito seu de proceder assim. Então, confesse diante das pessoas o que você fez a elas. Reconheça que, ao agir de maneira desagradável, maldosa ou rude você magoou muito mais os outros que a si mesma. Você terá entristecido o Espírito de Deus e, por isso, não será capaz de desfrutar da plenitude da presença dele operando em você.

E você precisa reconhecer o mesmo em relação a outros que a magoaram. Se outras pessoas foram maldosas, rudes, desagradáveis, ríspidas, descontroladas e desrespeitosas com você, não se esqueça de que tais indivíduos estão machucando a si próprios muito mais que a você. Eles sofrerão as consequências desses atos — ou a falta de bênção — assim como você as sofreria caso escolhesse se comportar dessa forma.

A pessoa fiel cumpre suas promessas; é leal, confiável, fidedigna, segura e constante, mantém uma aliança imutável com Deus e faz o que é bom aos olhos de dele. A pessoa sem fé não realiza nenhuma dessas coisas.

A pessoa mansa é cuidadosa com os outros, é sensível às necessidades deles e não se entrega ao pânico. Aquele que não tem a característica da mansidão é bombástico, chocante, insensível aos outros e ávido por proferir más notícias ou palavras que possam magoar alguém.

A pessoa que tem domínio próprio sempre é capaz de fazer a coisa certa na hora certa. Não se entrega à carne, nem sai dizendo palavras que podem magoar ou destruir alguém. As pessoas que não têm autocontrole são evitadas pela maioria, exceto por aquelas que são tão descontrolados quanto elas.

O fruto do Espírito é produzido em nós à medida que andamos no Espírito. Se em nossa vida o fruto do Espírito não se manifestar dessas maneiras, então não estamos sendo guiadas pelo Espírito. "Uma vez que vivemos pelo Espírito, sigamos a direção do Espírito em todas as áreas de nossa vida" (Gl 5.25). É simples assim. Nós determinamos como vamos andar. Jesus disse acerca dos fiéis: "Vocês os identificarão por seus frutos" (Mt 7.16). Quando você é guiada pelo Espírito Santo, o fruto do Espírito se manifesta em sua vida. Não será você, pela própria força, que fará isso acontecer. Acontecerá porque você não terá condições de agir de modo diferente.

Há muitos cristãos que dependem dos próprios esforços, não do poder de Deus. São atraídos para o mundo, não para o Senhor. Muita gente, sobretudo os jovens, tem saído de determinadas igrejas e denominações porque não veem o amor e o poder de Deus. Tais igrejas insistem em definir Deus segundo aquilo que imaginam ser as limitações dele e se recusam a reconhecer a obra e o poder de seu Espírito. Nunca houve um momento em que as pessoas não necessitassem do poder de Deus em sua vida e do amor que ele sente por elas. Essa necessidade está crescendo a cada dia, não diminuindo.

Quando a igreja não oferece respostas e não manifesta o amor, a paz, a alegria e o restante do fruto do Espírito em seus membros, ela deixa de ser relevante. Se as pessoas não sentem a presença e o poder de Deus, não acham que o fruto seja real e não o desejam para sua vida. Nós somos a igreja. A igreja para a qual Jesus voltará não é um monte de prédios. É o povo dele, que crê nele, em quem o Espírito Santo habita e vê surgir bons frutos.

O medo pode ser tanto algo bom quanto algo ruim. O temor positivo chama você à oração. O temor negativo toma conta de sua vida e a controla. O temor positivo é uma resposta ao perigo que a inspira a dar passos para proteger a si mesma e aos outros, a fim de aliviar o perigo. De alguma maneira, o temor positivo aproxima você de Deus. Quando o Senhor dirige seu caminho, você acaba no lugar certo, na hora certa e não tem nada a temer.

– Poder da oração –

Senhor, ajuda-me a discernir com clareza as sugestões do teu Espírito ao meu coração e à minha mente para que eu nunca as ignore em minha insensatez. Ensina-me a orar sempre que tiver medo, sensação de perigo ou a intuição de que pessoas ou situações não são boas. Afasta a mim, meus familiares e amigos de lugares perigosos e conserva-nos conscientes dos possíveis planos de pessoas más. Dá-nos discernimento e advertências quando estivermos onde não deveríamos estar.

Ajuda-me a confiar em ti de todo o meu coração e a não depender de meu próprio entendimento. Ajuda-me a dar reconhecimento a ti em tudo que faço e a depender do teu direcionamento para onde quer que eu vá. Afasta-me "dos pecados intencionais! Não permitas que me controlem. Então serei inculpável e inocente de grande pecado" (Sl 19.13). Impede-me de presumir qualquer coisa por deixar de colocar tudo diante de ti. Não quero jamais pensar que sei tudo sobre uma pessoa, um lugar ou uma situação. Desejo ouvir a verdade de ti.

Ajuda-me a escolher andar todos os dias sob a orientação do teu Espírito Santo e a não ser conduzida pelo carne. Produze em mim o fruto do teu Espírito. Enche-me com teu amor, tua paz e tua alegria, para que eu seja mais semelhante a ti. Torna-me paciente, amável e bondosa com os outros. Faze-me fiel e mansa e ajuda-me a sempre demonstrar grande autocontrole. Ensina-me a orar sem cessar sobre todas as coisas, para que eu sempre esteja no lugar certo, na hora certa.

Em nome de Jesus, amém.

– Poder da Palavra –

A árvore boa produz frutos bons,
e a árvore ruim produz frutos ruins.
MATEUS 7.17

Quando vocês produzem muitos frutos,
trazem grande glória a meu Pai
e demonstram que são meus discípulos de verdade.
JOÃO 15.8

Vocês não me escolheram; eu os escolhi.
Eu os chamei para irem e produzirem frutos duradouros,
para que o Pai lhes dê tudo que pedirem em meu nome.
João 15.16

Eu sou a videira verdadeira, e meu Pai é o lavrador.
Todo ramo que, estando em mim,
não dá fruto, ele corta.
Todo ramo que dá fruto, ele poda,
para que produza ainda mais.
João 15.1-2

O Espírito produz este fruto: amor, alegria, paz,
paciência, amabilidade, bondade,
fidelidade, mansidão e domínio próprio.
Gálatas 5.22-23

5

Qual é o medo que Deus quer que sintamos?

A Bíblia registra inúmeras palavras sobre o medo. Na maioria dos casos, elas se referem ao medo que Deus não quer que nós sintamos ou ao medo que Deus deseja que tenhamos. O único temor que Deus quer que tenhamos é o temor dele. Isso não quer dizer que devemos viver aterrorizados com a possibilidade de Deus nos jogar um raio quando ficar bravo conosco. O temor do Senhor de que a Bíblia fala é, na verdade, uma reverência tão profunda por ele que receamos imaginar como seria nossa vida sem sua presença.

Deus quer que o amemos e o conheçamos a ponto de não temer fazer sua vontade, mas recear justamente o contrário, isto é, deixar de cumpri-la. E isso acontecerá não porque teremos medo de que Deus esteja procurando maneiras de nos destruir, mas, sim, porque desejaremos agradá-lo e desfrutar de tudo que ele tem para nós — principalmente a plenitude de sua presença.

Deus chamou Moisés para ir ao Egito. Isso era perigoso, pois Moisés era procurado lá por ter matado um egípcio. Mas o Senhor instruiu Moisés a temer a ele, não aos homens. Mesmo depois que o Anjo do Senhor apareceu a Moisés em um arbusto em chamas que não era consumido pelo fogo, mesmo depois de Deus contar a Moisés que queria libertar seu povo da escravidão no Egito, e mesmo depois de Deus realizar milagres diante de seu servo a fim de convencê-lo das maravilhas que faria, Moisés ainda assim protestou, dizendo que não era um orador eloquente o bastante para comparecer perante o faraó com a mensagem divina. O Senhor não se agradou com isso, mas permitiu que Arão, o irmão de Moisés, fosse o orador em seu lugar. Então Deus diria o que Moisés deveria falar, Moisés o transmitiria a Arão, que, por sua vez, o comunicaria ao faraó. Moisés ainda seria o escolhido de Deus para essa obra, embora não acreditasse que o Senhor poderia fazer o milagre tão grande de torná-lo um orador a quem todos dariam ouvidos. (Confira todos os detalhes dessa história extraordinária em Êxodo 3—4.)

Ter o temor de Deus nos torna sábios o bastante para saber que devemos fazer aquilo para que o Senhor está nos chamado, pois seremos infelizes se não agirmos assim. O temor de Deus nos leva a buscar a orientação divina, pois tememos as consequências de agir por conta própria e desagradá-lo.

Depois que o Senhor libertou seu povo da escravidão, Moisés disse aos israelitas o que Deus requeria de cada um: "Somente que você tema o Senhor, seu Deus, que viva de maneira agradável a ele e que ame e sirva o Senhor, seu Deus, de todo o coração e de toda a alma" (Dt 10.12). Essa mensagem é para nós também. É isso que Deus requer de cada um de nós hoje. Precisamos nos lembrar a todo tempo de *temer a Deus, andar em seus caminhos, amá-lo e servir a ele de todo o coração.*

O temor a Deus é mais que a mera obediência a seus mandamentos, embora essa seja uma parte importante. Trata-se de ter um coração cheio de amor e repleto de respeito reverente pelo Senhor. "Este povo fala que me pertence; honra-me com os lábios, mas o coração está longe de mim. A adoração que me prestam não passa de regras ensinadas por homens" (Is 29.13). O temor do Senhor é sentido no coração. Quando tememos a Deus em nosso coração, não queremos desapontá-lo ou entristecê-lo de nenhuma maneira.

Jesus disse: "Eu lhes direi a quem devem temer. Temam a Deus, que tem o poder de matar e lançar no inferno. Sim, a esse vocês devem temer" (Lc 12.5). Deus tem poder sobre quem passará a eternidade com ele e também sobre aqueles que não o farão. É com ele que você deve desenvolver seu relacionamento mais importante.

Os benefícios de temer a Deus

Há inúmeros benefícios e muitas bênçãos provenientes do temor a Deus, ou seja, de ter um coração devota e amorosamente dedicado a ele. Eis alguns deles.

1. Quando tememos a Deus, ele nos guia em sua vontade. "Quem são os que temem o Senhor? Ele lhes mostrará o caminho que devem escolher" (Sl 25.12). Não queremos nos afastar da vontade de Deus de forma nenhuma. Isso sim seria assustador.

2. Quando tememos a Deus, sentimos medo de não obedecer a suas leis e seus mandamentos. "Estremeço de medo de ti; tenho temor reverente por teus estatutos" (Sl 119.120). Sabemos quanto é sério desobedecer a Deus, porque as leis dele são para nosso próprio bem.

3. Quando tememos a Deus, ele ouve nossas orações e nos concede os desejos de nosso coração. "Ele concede os desejos dos que o temem; ouve seus clamores e os livra" (Sl 145.19). As pessoas que não têm o temor de Deus no coração acham que orar é

O PODER DA ORAÇÃO QUE DOMINA O MEDO

dizer ao Senhor o que ele deve fazer. E caso ele não faça o que querem, acabam se voltando contra ele. Mas a oração é nosso meio de comunicação com Deus. É uma das maneiras de mostrar nosso amor por ele.

4. Quando tememos a Deus, somos tranquilizadas quanto à segurança de nossos filhos. "Quem teme o Senhor está seguro; ele é refúgio para seus filhos" (Pv 14.26). A confiança dada por Deus é o contrário do medo. Quando tememos o Senhor, sentimo-nos confiantes nele. E ele abençoará nossos filhos e a nós também.

5. Quando tememos a Deus, conseguimos nos afastar do mal. "O temor do Senhor evita o mal" (Pv 16.6). Quando não tememos a Deus, somos sugados para dentro do plano do inimigo e nos afastamos do propósito divino. O temor de Deus nos dá condições de obter discernimento para perceber quando precisamos nos distanciar do mal.

6. Quando tememos a Deus, recebemos conhecimento especial. "O Senhor é amigo dos que o temem; ele lhes ensina sua aliança" (Sl 25.14). Esse ensinamento nos será revelado quando necessitarmos dele. Haverá proteção, provisão e bênçãos além do que receberíamos de outra maneira (Sl 25.12-15).

7. Quando tememos a Deus, experimentamos a bondade divina. "Grande é a bondade que reservaste para os que te temem! Tu a concedes aos que em ti se refugiam e os abençoas à vista de todos" (Sl 31.19). Isso quer dizer que seremos surpreendidas por bênçãos preparadas por Deus.

8. Quando tememos a Deus, nós o agradamos. "O Senhor se agrada dos que o temem, dos que põem a esperança em seu amor" (Sl 147.11). Nosso desejo é de andar com Deus e agradá-lo. Ele se alegra com nossa reverência, nosso amor e nossa devoção a ele.

9. Quando tememos a Deus, ele nos dá de si mesmo. "Deus, com seu poder divino, nos concede tudo de que necessitamos para uma vida de devoção, pelo conhecimento completo daquele que nos chamou para si por meio de sua glória e excelência. E, por causa de sua glória e excelência, ele nos deu grandes e preciosas promessas. São elas que permitem a vocês participar da natureza divina e escapar da corrupção do mundo causada pelos desejos humanos" (2Pe 1.3-4). Isso é o mais extraordinário. O Senhor quer que participemos de sua natureza. Significa que ele nos dá de si mesmo. Ele compartilha seu amor, sua paz, seu poder e muito mais com aqueles que o reverenciam. Quanto mais tempo passamos com Deus em sua Palavra, conversando com ele em oração e o adorando, mais ele se derrama em nós e mais nos tornamos semelhantes a ele.

10. Quando tememos a Deus, vivemos em seus caminhos e desfrutamos de uma vida plena. As Escrituras nos dão a seguinte orientação: "Temerão o Senhor seu Deus, enquanto viverem. Se obedecerem a todos os seus decretos e mandamentos, desfrutarão de vida longa" (Dt 6.2). O temor de Deus nos protege daquilo que poderia abreviar nossa vida. E não só a nossa, mas também a de nossos filhos e netos. Seria sábio de nossa parte orar pedindo que nossos filhos e netos — ou sobrinhos e sobrinhas, caso você não tenha filhos — tenham o temor do Senhor.

A verdade sobre as pessoas que temem a Deus

1. As pessoas que temem a Deus são vigiadas. "O Senhor [...] está atento aos que o temem, aos que esperam por seu amor" (Sl 33.18). Nós olhamos para ele com reverência em nosso coração, e ele presta atenção em nós. Saber disso pode mandar embora nosso medo.

2. *As pessoas que temem a Deus encontram defesa.* "O anjo do Senhor é guardião; ele cerca e defende os que o temem" (Sl 34.7). Eu amo essa promessa! Muitas vezes a recordei em situações nas quais me encontrava vulnerável. Sei que o mal poderia facilmente ter tirado vantagem delas, mas fui conservada em segurança.

3. *As pessoas que temem a Deus encontram misericórdia.* "Pois seu amor para com aqueles que os que o temem é imenso como a distância entre os céus e a terra" (Sl 103.11). Todos necessitamos da misericórdia divina estendida sobre nós porque não conseguimos vencer na vida sem ela. O Senhor é grande e infalível, e assim também é sua misericórdia para conosco.

4. *As pessoas que temem a Deus descobrem que a vida lhes é favorável.* "Como seria bom se o coração deles fosse sempre assim, se estivessem dispostos a me temer e a obedecer a todos os meus mandamentos! Tudo iria bem com eles e seus descendentes para sempre" (Dt 5.29). O temor a Deus e a obediência a ele trazem muitas bênçãos sobre nós e nossos filhos, e é isso que o Senhor anseia nos dar.

5. *As pessoas que temem a Deus recebem sua compaixão.* "O Senhor é como um pai para seus filhos, bondoso e compassivo para os que o temem" (Sl 103.13). O Senhor tem um coração benevolente para com aqueles que o reverenciam. Esse é o grande sentido da misericórdia.

6. *As pessoas que temem a Deus recebem o amor divino, e esse amor se estende aos que delas descendem.* "Mas o amor do Senhor por aqueles que o temem dura de eternidade a eternidade. Sua justiça se estende até os filhos dos filhos" (Sl 103.17). Deus abençoa não só nossos filhos, mas também nossos netos. Que

QUAL É O MEDO QUE DEUS QUER QUE SINTAMOS?

grande recompensa por uma vida bem vivida em reverência e amor a Deus!

7. As pessoas que temem a Deus são ajudadas e protegidas. "Todos vocês que temem o Senhor, confiem nele; ele é seu auxílio e seu escudo!" (Sl 115.11). Ao reverenciar a Deus profunda e consistentemente, você descobrirá que ele a ajuda e protege muito além do que você é capaz de pedir em oração.

8. As pessoas que temem a Deus desfrutam vida longa. "O temor do Senhor prolonga a vida, mas os dias dos perversos são encurtados" (Pv 10.27). Deus cuida daqueles que o temem.

9. As pessoas que temem a Deus são abençoadas. "Abençoará os que temem o Senhor, tanto os grandes como os pequenos" (Sl 115.13). Ele derrama bênçãos sobre nós porque o tememos em nosso coração. Somos abençoados além daquilo que pensamos e nos surpreendemos.

10. As pessoas que temem a Deus encontram cura. "Mas, para vocês que temem meu nome, o sol da justiça se levantará, trazendo cura em suas asas" (Ml 4.2). Deus cura aqueles que o amam e o reverenciam.

11. As pessoas que temem a Deus odeiam aquilo que ele odeia. "Quem teme o Senhor odeia o mal; portanto, odeio o orgulho e a arrogância, a corrupção e as palavras perversas" (Pv 8.13). Podemos ver tais coisas em nossa sociedade e as odiamos tanto quanto Deus.

12. As pessoas que temem a Deus encontram satisfação na vida. "O temor do Senhor conduz à vida; dá segurança e proteção contra o mal" (Pv 19.23). A vida daqueles que temem a Deus é mais completa que a dos que não o fazem. E somos guardados do mal. Tudo isso nos traz cura e força.

13. As pessoas que temem a Deus são recompensadas por não serem orgulhosas. "A humildade e o temor do Senhor trazem riquezas, honra e vida longa" (Pv 22.4). Quando reverenciamos a Deus, não nos tornamos arrogantes. Nós nos concentramos nele, não em nós mesmos.

14. As pessoas que temem a Deus não se consomem de inveja. "Não tenha inveja dos pecadores, mas tema sempre o SENHOR" (Pv 23.17). A inveja e o temor do Senhor não andam juntos.

15. As pessoas que temem a Deus abençoarão os outros ao seu redor. "Que eu seja motivo de alegria para os que te temem, pois em tua palavra depositei minha esperança" (Sl 119.74). Eu amo esse versículo. Ele sempre me lembra da esposa de um de meus pastores, a qual foi uma inspiração para mim a vida inteira. Só de ver alguém tão forte na fé e na esperança eu me sentia fortalecida e esperançosa. Aqueles que amam a Deus apaixonadamente e o reverenciam com fidelidade nos encorajam. Sua fé e esperança firmes no Senhor fortalecem também nossa fé e esperança. Todos nos sentimos bem e seguros quando rodeados de pessoas que reverenciam a Deus, creem em sua Palavra e vivem em seus caminhos.

Os muitos homens e as muitas mulheres da Bíblia que fizeram grandes coisas por Deus tinham algo em comum: o temor do Senhor. Amavam a Deus, reverenciavam a ele e faziam o que lhes pedia, a despeito de quanto isso os assustasse ou fosse difícil para eles. Noé não teria construído a arca, Moisés não teria confrontado o faraó, Ester não teria salvo seu povo da morte, Neemias jamais teria construído os muros, e os discípulos nunca teriam anunciado as boas-novas da redenção que Jesus realizou na cruz para o restante do mundo. O temor do Senhor em nós permite que ele opere grandes coisas por nosso intermédio.

Os benefícios de ter a sabedoria divina

Ter grande reverência por Deus nos dá um fluxo constante de sabedoria que nos afasta de pessoas e situações que poderiam nos destruir. "O temor do Senhor é fonte de vida; ajuda a escapar das armadilhas da morte" (Pv 14.27).

Jesus é chamado na Bíblia de "o *poder* de Deus e a *sabedoria* de Deus" (1Co 1.24). Ela diz que Cristo Jesus "se tornou a sabedoria de Deus em nosso favor, nos declarou justos diante de Deus, nos santificou e nos libertou do pecado" (1Co 1.30). Somente quando aceitamos a Jesus e temos seu Espírito Santo em nós é que recebemos pleno acesso à sabedoria de Deus. É impossível ter sabedoria divina estando longe do Espírito divino de sabedoria. A Bíblia diz que em Deus Pai e no Filho Cristo se encontram escondidos "todos os tesouros de sabedoria e conhecimento" (Cl 2.3).

A sabedoria e o conhecimento que Deus nos dá nos estabilizarão e fortalecerão até mesmo em meio a tempos instáveis e situações incertas. "Ele será seu firme alicerce e lhe proverá farto suprimento de salvação, sabedoria e conhecimento; o temor do Senhor será seu tesouro" (Is 33.6). O temor do Senhor é um tesouro que ele nos dá. E nós o apreciamos por isso.

A Bíblia diz: "Se algum de vocês precisar de sabedoria, peça a nosso Deus generoso, e receberá. Ele não os repreenderá por pedirem" (Tg 1.5). Afirma, acerca da sabedoria: "Clame por inteligência e peça entendimento. [...] Então entenderá o que é o temor do Senhor e obterá o conhecimento de Deus. Pois o Senhor concede sabedoria; de sua boca vêm conhecimento e entendimento" (Pv 2.3,5-6).

O temor do Senhor consiste em total dependência de Deus. Quando oramos pedindo sabedoria, ele nos dá.

Deus nos concede sabedoria quando buscamos seu conhecimento e entendimento em vez de depender de nós mesmos. "O temor do Senhor é o princípio da sabedoria; o conhecimento do Santo resulta em discernimento" (Pv 9.10). Quando temos a sabedoria divina, somos guiados a fazer as coisas certas em situações nas quais, se deixados por conta própria, não saberíamos o que fazer.

As Escrituras afirmam que Deus "reserva bom senso aos honestos e é escudo para os íntegros. Guarda os caminhos dos justos e protege seus fiéis por onde andam". Diz ainda que "a sabedoria entrará em seu coração, e o conhecimento o encherá de alegria. As escolhas sábias o guardarão, e o entendimento o protegerá", e que "a sabedoria o livrará das ações dos maus" (Pv 2.7-12). A sabedoria nos protege do mal e torna nossa vida segura.

Ter sabedoria pode impedir você de ser dominada pelo medo. "Meu filho, não perca de vista o bom senso e o discernimento; apegue-se a eles, pois darão vigor à sua alma e serão como joias em seu pescoço. Eles o manterão seguro em seu caminho, e seus pés não tropeçarão. Quando for dormir, não sentirá medo; quando se deitar, terá sono tranquilo" (Pv 3.21-24). Todos necessitamos disso. Graças a Deus por sua provisão!

A verdade acerca da sabedoria divina em contraste com a sabedoria do mundo

Há uma diferença enorme entre as pessoas tementes a Deus e as pessoas sem Deus, que não têm o temor do Senhor no coração. Davi escreveu: "O pecado do ímpio sussurra ao seu coração; ele não tem o menor temor de Deus" (Sl 36.1).

QUAL É O MEDO QUE DEUS QUER QUE SINTAMOS?

O motivo para nossa sociedade ter se tornado tão corrupta é que as pessoas não temem o Senhor. Seu deus é o dinheiro, o poder, o controle, a influência e muito mais. Acham que não precisarão prestar contas pelo mal que cometem, pois creem que não há Deus.

A verdadeira sabedoria é a que o Senhor nos dá. A sabedoria deste mundo não é nada em comparação com ela. Se apenas dermos ouvidos à "sabedoria" que vem do mundo, jamais entenderemos a verdade. A sabedoria mundana sempre é tola. A verdade de Deus sempre prevalece. "Que ninguém se engane. Se algum de vocês pensa que é sábio conforme os padrões desta era, deve tornar-se louco a fim de ser verdadeiramente sábio. Pois a sabedoria deste mundo é loucura para Deus. Como dizem as Escrituras: 'Ele apanha os sábios na armadilha da própria astúcia deles'" (1Co 3.18-19). Essa passagem fala sobre os "sábios de acordo com o mundo".

As pessoas que não têm o temor de Deus praticam ações astutas, enganosas e baseadas na esperteza sem escrúpulos, e isso as fará cair na armadilha da própria sabedoria mundana. "O Senhor conhece os pensamentos dos sábios; sabe que nada valem" (1Co 3.20). Se não tivermos o temor de Deus, não teremos a sabedoria divina. A sabedoria mundana leva as pessoas a cometer erros tolos.

Ter a sabedoria de Deus — que vem com o temor do Senhor — nos afasta do espírito de medo, que não vem de Deus, mas, sim, do mundo.

Com frequência, a sabedoria divina é o oposto do que o mundo diz ser sábio. A cruz é o exemplo perfeito disso. O mundo viu a morte de Jesus como um fracasso absoluto, ao passo que, na verdade, foi sua maior vitória e realização. "A mensagem da cruz é loucura para os que se encaminham para a destruição, mas para nós que estamos sendo salvos ela é o poder de Deus" (1Co 1.18). A mensagem da cruz parece tola para os que não nasceram no reino de Deus, mas é o poder absoluto de Deus para quem aceitou a Jesus e hoje tem o Espírito Santo. A sabedoria do mundo é tola, e quem tem a sabedoria divina consegue perceber isso.

"A 'loucura' de Deus é mais sábia que a sabedoria humana, e a 'fraqueza' de Deus é mais forte que a força humana" (1Co 1.25). Portanto, aquilo que o mundo identificou como fraqueza quando Jesus foi para a cruz é, na verdade, o poder de Deus concedendo-nos vitória sobre o pecado, o inferno e a morte. A sabedoria divina é um mistério para aqueles cujo espírito não nasceu de novo, nem foi inflamado pelo Espírito Santo de Deus. E, acerca dos governantes desta era, a Bíblia afirma que "se a houvessem entendido não teriam crucificado o Senhor da glória" (1Co 2.8). Só Deus sabe todas as coisas.

Ter o poder de Deus significa que você se humilha perante ele, busca-o em sua vida e declara seu amor e reverência a ele, além de jamais desejar viver sequer um dia fora de sua presença. Então o Senhor provará ser para você tudo aquilo que proclama ser em sua Palavra.

O apóstolo Paulo escreveu que não falava com "o tipo de sabedoria desta era ou de seus governantes, que logo caem no esquecimento" (1Co 2.6). Em vez disso, suas palavras eram marcadas pela sabedoria de Deus, que é oculta de algumas pessoas até que ele mesmo as revele a outras, de acordo com sua vontade. É por isso que aqueles que serviam ao mal não compreenderam o que Deus pretendia com a crucificação de Jesus e a redenção do mundo. Não podiam entender isso porque viviam para a carne e para servir os inimigos malignos de

Deus. Deus só revelou seu plano para os fiéis que o temiam. Ele lhe revelará coisas que você necessita ver e que farão toda a diferença em sua vida. A sabedoria e o entendimento que ele dá serão poderosos porque você tem o temor do próprio Senhor em seu coração.

– Poder da oração –

Senhor, quero ser amiga "de todos que te temem, dos que obedecem às tuas ordens" (Sl 119.63). "Ensina-me os teus caminhos, SENHOR, para que eu viva segundo a tua verdade" (Sl 86.11). Capacita-me a me encher do conhecimento da tua vontade. Dá-me sabedoria, discernimento e compreensão espiritual para andar de maneira agradável a ti.

Ensina-me a guardar teus mandamentos e tuas leis como um tesouro em meu coração o tempo inteiro. Ajuda-me a te reconhecer em tudo que faço, para que tu possas dirigir meus caminhos. Capacita-me a viver na tua presença, porque, toda vez que a sinto, meu medo vai embora. Ajuda-me a ser uma pessoa que realmente teme a Deus. Dá-me sabedoria divina para que eu não caia nas ciladas da sabedoria deste mundo. Dá-me o conhecimento e o entendimento de que necessito para viver de acordo com teu plano e propósito. Impede-me de ser sábia a meus próprios olhos. Em vez disso, ajuda-me a temer a ti e a me afastar do mal.

Agradeço porque dás "poder e força" a seu povo (Sl 68.35). Obrigada porque "me deste a bênção reservada para os que temem teu nome" (Sl 61.5). Minha reverência e meu amor por ti são grandes porque a tua presença em minha vida é meu maior tesouro.

Em nome de Jesus, amém.

– Poder da Palavra –

Que o mundo inteiro tema o Senhor,
e todos os habitantes da terra tremam diante dele.
Salmos 33.8

Venham, meus filhos, e ouçam-me;
eu os ensinarei a temer o Senhor.
Salmos 34.11

Não se impressione com sua própria sabedoria;
tema o Senhor e afaste-se do mal.
Provérbios 3.7

Temam o Senhor, vocês que lhe são fiéis,
pois os que o temem terão tudo de que precisam.
Até mesmo os leões jovens e fortes passam fome,
mas aos que buscam o Senhor nada de bom faltará.
Salmos 34.9-10

O temor do Senhor é o princípio do conhecimento,
mas os tolos desprezam a sabedoria e a disciplina.
Provérbios 1.7

6

O que devemos pensar, dizer e pedir em oração quando sentimos medo?

Sempre que escrevo um livro, é como se o inimigo de minha alma dissesse: "Você acha que sabe orar por seus filhos? O que você vai fazer com isto então?". Ou: "Você acha que sabe manter seu casamento unido? Então veja se dá conta deste problema!". Em consequência, aprendi a me erguer acima de tudo isso e permanecer firme na verdade da Palavra de Deus. Aprendi a orar para atravessar essas dificuldades. E também sei orar com outras pessoas quando me sinto perturbada pelo que está acontecendo.

Por isso, não me surpreendi quando fui inundada de temor enquanto escrevia este livro. Os medos se deviam, em parte, às coisas horríveis que estavam acontecendo no mundo ao meu redor, às quais eu assistia toda noite no noticiário. E eu temi que elas pudessem ocorrer com minha família, meus amigos, meus vizinhos, na cidade onde moro ou no meu país. Acredito que Deus permitiu que eu sentisse isso em caráter temporário, no entanto é o que muitas pessoas enfrentam praticamente todos os dias da vida.

Não lidei com um medo irracional e controlador. Todavia, ainda assim minha experiência foi atormentadora, e meu sono deixou de ser tão tranquilo quanto antes. Tive a certeza de que, se eu estava sentindo medo daquela maneira, sem dúvida diversas outras pessoas experimentavam o mesmo pavor — ou até pior.

Pensei: "Se eu me encontro em uma batalha tão grande contra o medo, imagino como deve ser penoso para aqueles que desconhecem o poder de Deus para nos libertar e o grande impacto que a Palavra do Senhor exerce em nossa vida! Até mesmo aqueles de nós que já sabem de tudo isso ainda necessitam de um lembrete, um lugar para onde possamos ir em nossa mente e alma, em nosso coração e espírito, e que nos leve imediatamente para a verdade de Deus".

Conforme expliquei anteriormente, eu havia sido liberta dos temores incapacitantes que sentia antes de me tornar cristã. Após aceitar o Senhor e consolidar uma caminhada cada vez próxima dele, fui liberta de um espírito de medo que vinha me atormentando por décadas. Então, eu sabia que aquilo que experimentava enquanto escrevia este livro significava que Deus estava me chamando a ouvir estritamente a ele, não ao mundo. Ele queria que eu tivesse os pensamentos certos, falasse as palavras certas e orasse de maneira poderosa toda vez que o medo ameaçasse destruir minha paz. E deu certo. Creio que ele deseja que eu compartilhe essa estratégia com você.

Aquilo que pensamos afeta quem somos e quem nos tornamos. Determina como reagimos a pessoas e situações. Qualquer um pode ter medo por qualquer motivo; mas tudo que pensamos quando somos confrontados pelo temor influencia o modo como reagimos a ele.

Todos nós necessitamos de uma via rápida de conexão com a paz que Deus tem para nós. Por meio dela, podemos combater o medo antes que ele se torne algo pior. Diante dos temores, se tivermos algumas passagens da verdade do Senhor sobre as quais meditar e as quais proclamar junto com uma oração simples, mas poderosa, isso pode nos fortalecer e nos acalmar. Tais atitudes previnem que um espírito de medo venha nos atormentar.

O restante deste capítulo apresenta verdades que podem guiá-la a um local de segurança e conforto preparado por Deus, um lugar aonde você poderá ir sempre que sentir medo. Tais verdades podem lhe dar poder para combater o espírito de medo que o inimigo deseja incutir em você a fim de enfraquecê-la e neutralizá-la. Deus jamais quer que você se sinta intimidada pelo medo. Ele deseja que, em vez disso, você permaneça firme em sua Palavra e creia no que ela diz. A última parte deste capítulo é uma ferramenta para você usar no momento em que sentir qualquer tipo de medo se infiltrando em seu coração e em sua mente. Coloque em prática estas vinte recomendações sobre o que pensar, dizer e orar quando sentir medo e faça isso por vezes suficientes, e assim elas se tornarão um hábito em sua mente e em seu coração e você poderá recorrer a elas instantaneamente.

A Bíblia ensina que "a oração de um justo tem grande poder e produz grandes resultados" (Tg 5.16). Essa oração com grande poder é cheia de zelo. Deus quer que pensemos sobre a verdade, falemos sua Palavra com ousadia e oremos com poder. Quando fazemos isso, as coisas mudam.

Considere o valor da oração constante e consistente

Jesus venceu o mundo e tudo que existe nele. Mas seu povo precisa orar. E muitos cristãos não estão fazendo isso. Eles pensam sobre oração. Falam sobre oração. Leem sobre oração. E pensam em falar sobre ler acerca da oração. Mas não oram. Sei disso porque há décadas venho ouvindo esse relato de inúmeras pessoas, incontáveis vezes. Essa tem sido uma das descobertas mais chocantes para mim depois de me tornar cristã.

Sei que você tem Deus no coração e é uma pessoa de oração, caso contrário não estaria lendo este livro. Mas muita gente não tem essa mentalidade e necessita de incentivo. Depois que passei a crer em Jesus, sempre experimentei algum tipo de superação milagrosa toda vez que orei, alguém orou por mim ou eu orei com alguém. (Ao orar por alguém, você também é abençoado.) Desde que comecei a andar com Deus, nunca desconsiderei ou encarei de maneira leviana o grande privilégio de falar com ele.

Quando Pedro foi encarcerado em razão de sua fé, os cristãos oraram continuamente por ele. "Enquanto Pedro estava no cárcere, a igreja orava fervorosamente por ele" (At 12.5). O que aconteceu em consequência dessas orações foi que "um anjo do Senhor apareceu. Tocou no lado de Pedro para acordá-lo e disse: 'Depressa! Levante-se!', e as correntes caíram dos pulsos de Pedro". Então o anjo lhe disse: "Agora vista a capa e siga-me" (At 12.8). Depois de passarem pelo primeiro e pelo segundo guardas, a porta de ferro que dava para a cidade se abriu sozinha. Quando eles saíram, o anjo o deixou (At 12.10). Pedro sabia que Deus enviara o anjo para libertá-lo da prisão. Isso foi um milagre em resposta às orações incessantes dos crentes que intercediam por ele (At 12.9-11).

Nunca subestime o poder que suas orações têm para quebrar as cadeias e libertar você de todos os seus temores.

O QUE DEVEMOS PENSAR, DIZER E PEDIR EM ORAÇÃO QUANDO SENTIMOS MEDO?

Considere o valor da adoração a Deus

Quando Paulo e Silas foram espancados e jogados na prisão, não reclamaram. Eles "oravam e cantavam hinos a Deus, e os outros presos ouviam. De repente, houve um forte terremoto, e até os alicerces da prisão foram sacudidos. No mesmo instante, todas as portas se abriram e as correntes de todos os presos se soltaram" (At 16.25-26).

Quando o carcereiro acordou e viu as portas da cadeia abertas, presumiu que os presos haviam fugido. Ele sabia que seria torturado e morto por permitir isso, de modo que "puxou a espada para se matar" (At 16.27).

Foi nesse momento que Paulo disse em voz alta: "Não se mate! Estamos todos aqui!" (At 16.28). O carcereiro tremeu e se prostrou dizendo: "Que devo fazer para ser salvo?" (At 16.30). Eles responderam: "Creia no Senhor Jesus, e você e sua família serão salvos" (At 16.31). O carcereiro viu o milagre e aceitou Jesus.

Sempre que adora a Deus, você é liberta de mais maneiras do que é capaz de imaginar. Isso quer dizer que, mediante a adoração ao Senhor, você pode ser liberta do medo também.

Considere o valor do auxílio do Espírito Santo em suas orações

A Bíblia diz: "E o Espírito nos ajuda em nossa fraqueza, pois não sabemos orar segundo a vontade de Deus, mas o próprio Espírito intercede por nós com gemidos que não podem ser expressos em palavras. [...] o Espírito intercede por nós, o povo santo, segundo a vontade de Deus" (Rm 8.26-27).

O Espírito Santo não ora em nosso lugar. Ele nos ajuda a orar. Ele faz uma parceria conosco e torna nossas orações mais fortes. Quando oramos com fervor, às vezes não temos palavras para expressar a profundidade do que estamos sentindo. O Espírito Santo nos ajuda com isso. Deus conhece a mente do Espírito, que intercede por nós de acordo com a própria vontade divina.

O versículo seguinte diz: "E sabemos que Deus faz todas as coisas cooperarem para o bem daqueles que o amam e que são chamados de acordo com seu propósito" (Rm 8.28). Essa frase se liga ao versículo anterior pela conjunção "e". Será possível haver uma conexão entre nossas orações e o fato de as coisas cooperarem para o bem? A vida funciona melhor quando permitimos que o Espírito Santo nos ajude a orar? Eu respondo: Como poderia ser diferente? Já vimos inúmeras vezes em nossa vida e na vida dos outros que as coisas não cooperam automaticamente para o bem quando não oramos. Se queremos que as coisas cooperem para o bem, negligenciar a oração não é uma opção.

Considere o valor da confissão de sua crença em Jesus

A salvação a alcança não só porque você crê no coração que Jesus é Senhor, mas também porque confessa verbalmente essa verdade ao Senhor e às pessoas que Deus coloca em sua vida. Nossas palavras de fé em Jesus selam a nossa parte no acordo. Da parte de Deus, a obra de salvação foi selada por tudo aquilo que Jesus realizou na cruz. Nosso papel é não manter isso em segredo.

Passamos da salvação à fé colocando nossa salvação em prática diariamente, a fim de crescermos na fé. Escolhemos

O QUE DEVEMOS PENSAR, DIZER E PEDIR EM ORAÇÃO QUANDO SENTIMOS MEDO?

acreditar que Deus proverá tudo aquilo de que necessitamos para nossa vida, inclusive proteção, provisão, livramento e direcionamento. Decidimos não só crer nas promessas de Deus para nós em sua Palavra, como também declarar suas promessas em voz alta para nós mesmas todos os dias. Dessa maneira, as palavras dos nossos lábios proclamam a verdade à nossa mente e ao nosso coração, bem como a qualquer um que perguntar sobre a esperança que há dentro de nós. A realidade de Jesus em nosso coração precisa se tornar parte de nós, não algo com que nos debatemos sempre que nossa fé é provada. E acredite: ela será. Durante tais períodos, precisamos ter certeza da verdade de Deus.

Jesus disse a seus discípulos que os estava preparando para sua partida. Isso deve tê-los aterrorizado. Mas Cristo explicou que lhes deixaria sua paz e os capacitaria a ir aonde quer que os enviasse para testemunharem sobre quem ele é e o que fez (Jo 13.31—14.14).

Jesus deixou sua paz conosco também e quer que testemunhemos quanto ao que sabemos sobre quem ele é e o que fez. A paz de Cristo não pode ser encontrada no mundo. Devemos buscá-la a todo momento por meio da imersão em sua Palavra e em sua presença, louvando-o com nossos lábios.

Considere o valor da renovação diária de sua mente

É bom se oferecer a Deus todos os dias — servir a ele e fazer a vontade dele. Diga: "Entrego a mim mesma e minha vida a ti, Senhor. Usa-me para fazer a tua vontade". Paulo escreveu: "Portanto, irmãos, suplico-lhes que entreguem seu corpo a Deus, por causa de tudo que ele fez por vocês. Que seja um sacrifício vivo e santo, do tipo que Deus considera agradável. Essa é a verdadeira forma de adorá-lo" (Rm 12.1).

Logo em seguida, disse: "Não imitem o comportamento e os costumes deste mundo, mas deixem que Deus os transforme por meio de uma mudança em seu modo de pensar, a fim de que experimentem a boa, agradável e perfeita vontade de Deus para vocês" (Rm 12.2). Somos bombardeados pelo sistema do mundo — o qual tem acesso a nós de diversas maneiras —, mas não devemos nos conformar com ele, pois não tem ligação com Deus, é autocentrado e se dedica à adoração a ídolos. Os mundanos são blindados contra a verdade de quem Deus verdadeiramente é. Devemos viver no mundo, mas não fazer parte da mentalidade mundana que ignora a Deus.

Nós que amamos a Deus devemos permitir que ele renove nossa mente todos os dias, para que possamos nos comprometer cada vez mais com seus caminhos e ser sensíveis à beleza de sua presença. Fazemos isso ao adorar a Deus e ao louvá-lo por tudo que fez por nós. Fazemos isso ao conversar com ele em oração e ler sua Palavra. E precisamos limpar nossa mente de tudo que não provém do Senhor, a fim de mergulhar em suas torrentes refrescantes e purificadoras até que sejamos renovadas e transformadas. Quando fazemos isso, provamos que a vontade de Deus para nossa vida é não só agradável e boa, mas também perfeita.

O Senhor não quer que tenhamos de nós mesmas uma visão mais elevada do que deveríamos. Mas isso não significa que temos de acreditar que não valemos nada. Jesus nos considerou tão dignas que entregou sua própria vida em nosso favor, portanto não devemos contradizê-lo.

O QUE DEVEMOS PENSAR, DIZER E PEDIR EM ORAÇÃO QUANDO SENTIMOS MEDO?

Vinte coisas para pensar, dizer e pedir em oração quando você estiver com medo

1. Pense nisto: Deus sempre está comigo. Ele nunca me deixa, nem me abandona.

Diga com ousadia: "Porque Deus disse: 'Não o deixarei; jamais o abandonarei'. Por isso podemos dizer com toda a confiança: 'O Senhor é meu ajudador, portanto não temerei; o que me podem fazer os simples mortais?'" (Hb 13.5-6).

Ore com poder: Obrigada, Senhor, porque nunca me deixas, nem me abandonas. Obrigada porque estás comigo agora e não preciso temer o perigo, nem a miséria.

2. Pense nisto: Deus sempre está ao meu lado.

Diga com ousadia: "O Senhor está comigo, portanto não temerei; o que me podem fazer os simples mortais?" (Sl 118.6).

Ore com poder: Obrigada, Senhor, porque sempre estás ao meu lado; assim, não preciso temer o que pessoas más tentam fazer comigo. Se tu és por mim, quem pode prevalecer contra mim?

3. Pense nisto: Deus é meu lugar de refúgio, portanto não temerei.

Diga com ousadia: "Deus é nosso refúgio e nossa força, sempre pronto a nos socorrer em tempos de aflição. Portanto, não temeremos quando vierem terremotos e montes desabarem no mar" (Sl 46.1-2).

Ore com poder: Senhor, tu és meu refúgio e auxílio em tempos de aflição. Obrigada porque me dás conforto e força, para que eu não precise temer.

4. Pense nisto: Deus não me deu um espírito de medo.

Diga com ousadia: "Pois Deus não nos deu um Espírito que produz temor e covardia, mas sim que nos dá poder, amor e autocontrole" (2Tm 1.7).

Ore com poder: Obrigada, Senhor, porque o espírito de medo nunca vem de ti. Obrigada por teu amor e poder, bem como pelo autocontrole que me tens dado. Recebo tudo isso de ti agora, confesso meus medos e peço que os tires de mim.

5. *Pense nisto:* Deus é mais poderoso que qualquer coisa que eu tema.

Diga com ousadia: "Sejam fortes no Senhor e em seu grande poder" (Ef 6.10).

Ore com poder: Senhor, ninguém é maior que tu és. O Senhor é mais poderoso que qualquer coisa que eu enfrente. Destrói tudo que me ameaça. Faze-me forte em ti.

6. *Pense nisto:* Meu socorro vem do Senhor.

Diga com ousadia: "Nosso socorro vem do SENHOR, que fez os céus e a terra" (Sl 124.8).

Ore com poder: Jesus, Jesus, Jesus. Teu nome está acima de todos os outros. Obrigada porque meu socorro vem do teu nome.

7. *Pense nisto:* Deus é minha força; não preciso temer.

Diga com ousadia: "O SENHOR é minha luz e minha salvação; então, por que ter medo? O SENHOR é a fortaleza de minha vida; então, por que estremecer?" (Sl 27.1).

Ore com poder: Senhor, tu és minha força e teu poder lança fora meu medo. Ninguém é mais poderoso que tu és.

8. *Pense nisto:* Não preciso temer desastres repentinos.

Diga com ousadia: "Não precisará temer o desastre repentino, nem a destruição que vem sobre os perversos. Pois o

O QUE DEVEMOS PENSAR, DIZER E PEDIR EM ORAÇÃO QUANDO SENTIMOS MEDO?

Senhor será sua segurança; não permitirá que seu pé fique preso numa armadilha" (Pv 3.25-26).

Ore com poder: Senhor, agradeço por não precisar temer desastres repentinos nem dificuldades provocadas por pessoas más, pois minha confiança está em ti. Protege-me sempre das obras do mal.

9. Pense nisto: Deus me protege do mal.

Diga com ousadia: "Naquele dia, porém, nenhuma arma voltada contra você prevalecerá. Você calará toda voz que se levantar para acusá-la. É assim que o Senhor agirá em favor de seus servos; eu lhes farei justiça. Eu, o Senhor, falei!" (Is 54.17).

Ore com poder: Senhor, obrigada porque nenhuma arma voltada contra mim prevalecerá. E tu me protegerás de todos que falarem contra mim.

10. Pense nisto: Quando eu adoro a Deus, os medos são derrotados.

Diga com ousadia: "Entrem por suas portas com ações de graças e, em seus pátios, com cânticos de louvor; deem-lhe graças e louvem o seu nome. Pois o Senhor é bom! Seu amor dura para sempre, e sua fidelidade, por todas as gerações" (Sl 100.4-5).

Ore com poder: Senhor, eu entro em tua presença com ações de graças e louvor. Eu te adoro e te agradeço por tua bondade e misericórdia e por tua Palavra infalível.

11. Pense nisto: Deus tem anjos a me vigiar.

Diga com ousadia: "Pois ele ordenará a seus anjos que o protejam aonde quer que você vá" (Sl 91.11).

Ore com poder: Cerca-me com teus anjos, Senhor, e dá a eles o controle sobre mim, a fim de me manterem em segurança em todos os caminhos.

12. *Pense nisto:* Deus é por mim, então quem é capaz de triunfar contra mim?

Diga com ousadia: "Se Deus é por nós, quem será contra nós?" (Rm 8.31).

Ore com poder: Senhor, obrigada porque tu és por mim, então ninguém será capaz de me derrotar.

13. *Pense nisto:* Jesus me fortalece para fazer o que necessito.

Diga com ousadia: "Posso todas as coisas por meio de Cristo, que me dá forças" (Fp 4.13).

Ore com poder: Obrigada, Senhor, pois posso fazer tudo que preciso, porque tu me fortaleces e me capacitas.

14. *Pense nisto:* Jesus me deu o Espírito Santo, meu Encorajador.

Diga com ousadia: "E eu pedirei ao Pai, e ele lhes dará outro Encorajador, que nunca os deixará. É o Espírito da verdade. O mundo não o pode receber, pois não o vê e não o conhece. Mas vocês o conhecem, pois ele habita com vocês agora e depois estará em vocês" (Jo 14.16-17).

Ore com poder: Senhor Jesus, agradeço por me dares o Espírito Santo para habitar em mim e ser meu Auxiliador e Consolador — o teu Espírito da verdade — para sempre. Tendo esse poder tão grande dentro de mim, recuso-me a viver dominada pelo medo.

15. *Pense nisto:* O amor perfeito de Deus afasta meu medo.

O QUE DEVEMOS PENSAR, DIZER E PEDIR EM ORAÇÃO QUANDO SENTIMOS MEDO?

Diga com ousadia: "Esse amor não tem medo, pois o perfeito amor afasta todo medo. Se temos medo, é porque tememos o castigo, e isso mostra que ainda não experimentamos plenamente o amor" (1Jo 4.18).

Ore com poder: Senhor, agradeço por me amares com amor infalível e incondicional. Aperfeiçoa teu amor em mim, a fim de que eu nunca seja atormentada pelo medo. Enche-me com teu amor a ponto de transbordar.

16. *Pense nisto*: Pelo poder de seu Espírito em mim, Deus é capaz de fazer mais do que peço ou imagino.

Diga com ousadia: "Toda a glória seja a Deus que, por seu grandioso poder que atua em nós, é capaz de realizar infinitamente mais do que poderíamos pedir ou imaginar. A ele seja a glória" (Ef 3.20-21).

Ore com poder: Senhor, agradeço porque és capaz de fazer em minha vida muito mais do que posso pensar em pedir. Peço que teu poder opere em mim e por meio de mim, a fim de derrubar todas as fortalezas do medo.

17. *Pense nisto*: Eu sigo a Jesus, por isso não andarei nas trevas.

Diga com ousadia: "Jesus voltou a falar ao povo e disse: 'Eu sou a luz do mundo. Se vocês me seguirem, não andarão no escuro, pois terão a luz da vida'" (Jo 8.12).

Ore com poder: Senhor, eu te agradeço porque és a luz do mundo e da minha vida. Eu te sigo e, portanto, posso me recusar a ser sugada para as trevas do medo e da dúvida.

18. *Pense nisto*: Posso ir a Jesus sempre que necessitar de mais dele.

Diga com ousadia: "Jesus se levantou e disse em alta voz: 'Quem tem sede, venha a mim e beba! Pois as Escrituras declaram: Rios de água viva brotarão do interior de quem crer em mim'" (Jo 7.37-38).

Ore com poder: Senhor, eu te agradeço porque recebi a ti e teu Espírito em mim e, por causa disso, do meu coração brotarão rios de água viva. Flui através de mim agora e leva embora todo medo. Enche-me com teu amor, tua paz e alegria, trazendo uma torrente de cura para minha mente, meu espírito, coração e corpo.

19. Pense nisto: Jesus responde às minhas orações quando oro em nome dele.

Diga com ousadia: "Vocês podem pedir qualquer coisa em meu nome, e eu o farei, para que o Filho glorifique o Pai. Sim, peçam qualquer coisa em meu nome, e eu o farei!" (Jo 14.13-14).

Ore com poder: Senhor, obrigada porque ouves minhas orações e me respondes. Peço em nome de Jesus que me libertes das garras de qualquer temor que eu sinta e me livres de qualquer coisa que esteja me ameaçando.

20. Pense nisto: Jesus me dá sua paz incompreensível.

Diga com ousadia: "Eu lhes deixo um presente, a minha plena paz. E essa paz que eu lhes dou é um presente que o mundo não pode dar" (Jo 14.27).

Ore com poder: Senhor, obrigada porque não preciso ficar perturbada ou receosa, pois me dás a tua paz, que excede em muito tudo aquilo que posso compreender. Derrama tua paz sobre mim agora e lança fora todo meu medo.

O QUE DEVEMOS PENSAR, DIZER E PEDIR EM ORAÇÃO QUANDO SENTIMOS MEDO?

~ Poder da oração ~

Senhor, ajuda-me a me lembrar de tudo de que necessito em tua Palavra, sobretudo quando estiver com medo. Capacita--me a falar tua Palavra com ousadia diante das coisas que me assustam. Mesmo que não haja ninguém por perto, declaro aquilo em que creio porque tua Palavra me dá força e paz e edifica minha fé. Agradeço porque vieste "como luz para brilhar neste mundo, a fim de que todo aquele que crê" em ti "não permaneça na escuridão" (Jo 12.46). Não preciso viver na escuridão do medo porque hoje vivo no calor e na proteção de tua luz, que me cura e me restaura. Obrigada porque venceste o mundo (Jo 16.33).

Ajuda-me a sempre vigiar aquilo que falo, pois sei que "a boca fala do que o coração está cheio" (Mt 12.34). Enche meu coração com teu amor e tua verdade. Capacita-me a anunciar tua verdade em voz alta e a partilhá-la com outros que a desejam ouvir. Ensina-me a orar sem cessar (1Ts 5.17).

Obrigada porque não preciso ter "medo dos terrores da noite, nem da flecha que voa durante o dia" (Sl 91.5). Agradeço porque "tu me deste teu escudo de vitória; tua mão direita me sustenta, teu socorro me engrandece" (Sl 18.35). "Quando eu tiver medo, porém, confiarei em ti" (Sl 56.3).

Em nome de Jesus, amém.

~ Poder da Palavra ~

Aqui no mundo vocês terão aflições,
mas animem-se, pois eu venci o mundo.
João 16.33

Não vivam preocupados com coisa alguma;
em vez disso, orem a Deus pedindo aquilo de que precisam
e agradecendo-lhe por tudo que ele já fez.
Então vocês experimentarão a paz de Deus,
que excede todo entendimento
e que guardará seu coração e sua mente em Cristo Jesus.
FILIPENSES 4.6-7

Eu vim como luz para brilhar neste mundo,
a fim de que todo aquele que crê em mim
não permaneça na escuridão.
JOÃO 12.46

Que Deus seja misericordioso e nos abençoe.
Que a luz de seu rosto brilhe sobre nós.
SALMOS 67.1

Que as palavras da minha boca
e a meditação do meu coração
sejam agradáveis a ti, SENHOR,
minha rocha e meu redentor!
SALMOS 19.14

7
O que devemos fazer quando sentimos medo?

Até onde me lembro, a ocasião em que tive mais medo na vida se deu quando eu tinha vinte e poucos anos.

Eu morava sozinha em Los Angeles, no primeiro pavimento de um prédio com dois andares. Lembro-me com clareza do terror absoluto que senti quando acordei de repente no meio da noite com o rugido e o chacoalhão violento do terremoto mais assustador que já enfrentei. Eu havia sobrevivido a uma série de tremores de terra antes, mas nenhum como aquele. Foi súbito, alto e brutal. Acabou a energia, e a escuridão era completa.

Eu não sabia por quanto tempo o terremoto duraria, nem quanto dano causaria ao prédio no qual eu morava, mas tinha a certeza de que poderia acabar morta. Anos antes, eu testemunhara as consequências de um terremoto terrível e vira os resultados tenebrosos da queda do segundo piso de um prédio sobre o primeiro andar. Acredito que não tenham encontrado pessoas vivas naquele andar de baixo. Posso garantir que tal memória estava bem vívida em minha mente durante aquele terremoto.

Naquela época, eu não era cristã, então gritei para um Deus que não conhecia, perguntando-me como ele conseguiria me ouvir, se nem eu mesma conseguia me escutar em meio ao barulho ensurdecedor do solo que se movia e balançava sob mim e ao chacoalhão violento do edifício. Dava para ouvir meus pratos se quebrando no chão e meus móveis e lâmpadas se chocando contra as paredes. Por isso, eu me questionava quanto tempo demoraria para o apartamento acima do meu desabar. Não conseguia imaginar outro desfecho. Senti tamanho terror que tomei a decisão de jamais morar sozinha de novo, caso conseguisse sobreviver. O pensamento de sofrer uma morte trágica e solitária era mais do que eu podia suportar. Eu suspeitava que a vida após a morte também poderia ser terrível. Já havia me envolvido o suficiente com o ocultismo para saber que existia um mundo espiritual e que ele era assustador. Estava em busca de um deus amoroso que pudesse me salvar, mas, sem dúvida, não encontrei nenhum ali.

Enquanto tentava chegar ao pequeno corredor entre meu quarto e a sala, onde estava o telefone, fui arremessada de um lado para outro, chocando-me com tanta força contra as duas paredes que temi ter quebrado os ombros. Queria ligar para alguém e pedir ajuda, mas era impossível. Àquela altura, eu não fazia ideia de onde meu telefone estava e, ainda que conseguisse andar, não tinha condições de manter nada nas mãos. Eu sabia que não poderia correr para fora, pois a parte superior da porta da frente era feita de vidro e a parte frontal do prédio era cheia de janelas. Então, precisei esperar próximo ao batente do corredor que levava à sala e me segurar até o tremor parar e não haver mais perigo de ser atingida por pedaços de vidro. Assim que o terremoto terminou, peguei rapidamente minha bolsa, as chaves do carro e uma troca de roupa. Saí de pijama e entrei no carro antes que os tremores subsequentes começassem. Dirigi até a casa de uma amiga, longe de tudo aquilo, e fiz planos de me mudar.

Eu sabia o que era viver amedrontada, mas aquele susto superou tudo. A ansiedade que eu já sentia aumentou a partir de então. Depois daquele episódio, tomei uma série de decisões tolas totalmente baseadas no medo. E foi apenas anos depois, quando aceitei Jesus e experimentei a plenitude de sua paz, que transforma toda a vida, que consegui me ver livre do espírito de medo. Aprendi que havia coisas que eu precisava fazer *antes* que algo assustador acontecesse, e continuar a fazê-las tornou-se um estilo de vida.

Percebi que é importante monitorar o que permitimos entrar em nossa mente, vigiar aquilo que falamos e orar. Mas também há coisas que precisamos *fazer* para ter a certeza de que estamos no centro da vontade de Deus e passar tempo na presença dele da maneira que ele deseja.

Como nós, cristãos, temos o Espírito Santo em nosso interior, ele nos capacita e nos dá poder para fazer o necessário para viver da maneira dele. Isso significa não ser guiado pela carne, mas, sim, pelo Espírito de Deus. Significa deixar morrer o desejo carnal por coisas pecaminosas e escolher o melhor de Deus para nossa vida. Quando agimos assim, adquirimos maior percepção do amor e do poder divinos, e isso sempre manda embora nosso medo. O amor do Senhor por nós é incondicional. Ele provou isso na cruz e em sua ressurreição. E seu amor continua disponível. Mas, se deixarmos a vontade de Deus e fizermos a nossa, ergueremos uma barreira e não conseguiremos sentir a presença dele em nossa vida.

Isso não quer dizer que, depois de que somos salvos pela graça, Deus nunca requer que façamos nada para ele. O Senhor pede que façamos muitas coisas.

O problema é quando as pessoas acham que podem fazer ou não fazer o que bem entenderem e a graça de Deus as cobrirá. Não é assim que funciona. Deus quer que façamos as coisas do jeito dele. Mas é necessário que exista ação da nossa parte.

Quanto mais obedecemos aos mandamentos de Deus e vivemos como ele quer, mais nos tornamos semelhantes a ele e vivenciamos tudo que ele tem para nós. Isso inclui ser conduzidos pelo Espírito Santo, fazer determinadas coisas e prestar atenção ao que ele nos fala ao coração acerca dos detalhes de nossa vida. Por exemplo, se você está pensando em fazer uma mudança grande, de cidade ou em qualquer área da vida, procure conselheiros tementes a Deus e peça orientação ao Senhor antes de tomar a decisão por conta própria, por medo. Precisamos ter a mente de Cristo em todas as escolhas que fazemos. Tenha em mente que o tempo de Deus é diferente do nosso.

Abaixo estão listadas as vinte coisas que você pode fazer quando sentir medo. Não se esqueça de que não é preciso fazer todas em uma tacada só. Dê apenas alguns passos de cada vez, de acordo com a orientação que receber do Espírito Santo.

1. Acabe com os falsos argumentos do raciocínio humano

Nossos pensamentos podem se tornar um grande fardo quando sobrecarregamos a mente. Se também nutrimos algum tipo de temor, as coisas se tornam ainda piores. Pense em todos os pensamentos que você tem e que a perturbam. Peça a Deus que lhe mostre como substituir tais pensamentos pela verdade dele.

Diga com ousadia: "Usamos as armas poderosas de Deus, e não as armas do mundo, para derrubar as fortalezas do raciocínio humano e acabar com os falsos argumentos" (2Co 10.4).

Ore com poder: Senhor, trago a ti todos os pensamentos negativos e perturbadores que tenho, para que eles se tornem cativos em obediência aos teus caminhos. Capacita-me a derrubar qualquer fortaleza de medo que tenha se erguido em minha mente. Sujeito minha mente ao teu senhorio e me recuso a permitir que quaisquer pensamentos me enfraqueçam com temor.

2. Entregue ao Senhor tudo que você faz

Ao entregar a Deus tudo que faz, você será tomada por grande paz, sabendo que ele está no controle de sua vida e que você pode esperar a orientação dele em todo tempo. Isso acalma sua mente e a impede de achar que algo terrível a atingirá sem que você se dê conta.

Diga com ousadia: "Confie ao Senhor tudo que você faz, e seus planos serão bem-sucedidos" (Pv 16.3).

Ore com poder: Senhor, para tua glória, entrego a ti tudo que faço. Peço que estejas no comando da minha vida. Estabelece meus pensamentos com clareza e calma e ajuda-me a nunca te deixar de fora de nenhuma decisão que eu tomar.

3. Decida confiar em Deus, não no medo

Deus é mais sábio que nós. Ele existe há muito mais tempo que nós. Na verdade, ele sempre existiu e tudo sabe. Vale a pena confiar em sua onisciência, em vez de depender de nosso conhecimento limitado.

O PODER DA ORAÇÃO QUE DOMINA O MEDO

Diga com ousadia: "Provem e vejam que o SENHOR é bom! Como é feliz o que nele se refugia!" (Sl 34.8).

Ore com poder: Senhor, comprometo-me a confiar em ti de todo o coração e a não dar ouvidos à voz do medo. Entrego-te todos os temores que tenho. Mostra-me os passos que devo dar para provar minha confiança em tua bondade para comigo e ajuda-me a andar nesse caminho.

4. Expresse seu amor a Deus com louvor e adoração

Uma maneira de entender o poder do louvor e da adoração é analisar o destino daqueles que não louvam a Deus. A Bíblia diz: "Por meio de tudo que ele fez desde a criação do mundo, podem perceber claramente seus atributos invisíveis: seu poder eterno e sua natureza divina. Portanto, não têm desculpa alguma. Sim, eles conheciam algo sobre Deus, mas não o adoraram nem lhe agradeceram. Em vez disso, começaram a inventar ideias tolas e, com isso, sua mente ficou obscurecida e confusa" (Rm 1.20-21).

Pensamentos tolos e inúteis são deprimentes. Rejeite-os adorando deliberadamente a Deus. Toda vez que o louvamos, acontece um terremoto no reino espiritual, fazendo cair as amarras que nos prendem e abrir-se a porta de nossa prisão pessoal. Isso porque ele habita em nosso louvor. "Tu, porém, és santo e estás entronizado sobre os louvores de Israel" (Sl 22.3).

Diga com ousadia: "Louvarei o SENHOR em todo o tempo; meus lábios sempre o louvarão. Somente no SENHOR me gloriarei; que todos os humildes se alegrem. Venham, proclamemos a grandeza do SENHOR; juntos, exaltemos o seu nome. Busquei o SENHOR, e ele me respondeu; livrou-me de todos os meus temores" (Sl 34.1-4).

Ore com poder: Senhor, eu te adoro por seres quem és: o Deus todo-poderoso do universo e Criador de todas as coisas. Eu te louvo por tudo que fizeste neste mundo e por tudo que fazes por mim. Obrigada por estares junto de mim toda vez que o adoro.

5. Concentre-se deliberadamente em coisas boas

Deus sempre sabe o que estamos pensando. Isso acontece porque ele enxerga nosso coração. "O Senhor conhece os pensamentos de cada um; sabe que nada valem" (Sl 94.11). Por isso, devemos alinhar nosso pensamento com Deus, que afirma: "Meus pensamentos são muito diferentes dos seus [...] e meus caminhos vão muito além de seus caminhos" (Is 55.8).

Diga com ousadia: "Concentrem-se em tudo que é verdadeiro, tudo que é nobre, tudo que é correto, tudo que é puro, tudo que é amável e tudo que é admirável. Pensem no que é excelente e digno de louvor" (Fp 4.8).

Ore com poder: Senhor, ajuda-me a colocar o foco de minha mente em ti e em tua Palavra. Ensina-me a pensar sobre aquilo que é verdadeiro, honesto, justo, puro, amável, de boa fama, virtuoso e digno de louvor. Ensina-me a encher minha mente com essas coisas.

6. Pergunte a Deus se você precisa confessar algo a ele

A Bíblia deixa claro que, se imaginamos não ter pecado e, portanto, nada para confessar, não prosperaremos na vida. "Quem oculta seus pecados não prospera; quem os confessa e os abandona recebe misericórdia" (Pv 28.13). A libertação da culpa não implica livrar-se de sentir culpa. Significa que estamos livres das consequências eternas daquilo que fizemos e que nos leva a nos sentir culpados. E as consequências acontecem, quer reconheçamos nossa culpa, quer não. Devemos confessar e nos arrepender de todas as coisas que Deus revela terem sido inadequadas. Ele espera que deixemos tudo às claras para, então, responder às nossas orações.

Diga com ousadia: "Se afirmamos que não temos pecados, enganamos a nós mesmos e não vivemos na verdade" (1Jo 1.8).

Ore com poder: Senhor, mostra-me se fiz algo que não te agrada ou que viola tuas leis e teus mandamentos. Quero confessar meus pecados a ti e ficar livre de toda culpa e condenação e das consequências de pecados não confessados. Sei que, se meu coração não me condena, posso ter confiança diante de ti (1Jo 3.21).

7. Seja um praticante da Palavra

A Bíblia diz que "o simples ato de ouvir a lei não nos torna justos diante de Deus, mas sim a obediência à lei é que nos torna justos diante dele" (Rm 2.13). Não basta apenas ler a Palavra de Deus. Precisamos *praticar* o que ela diz. Durante a leitura bíblica, pergunte a Deus o que ele deseja que você faça em resposta ao que está lendo.

Diga com ousadia: "Não se limitem, porém, a ouvir a palavra; ponham-na em prática. Do contrário, só enganarão a si mesmos. Pois, se ouvirem a palavra e não a praticarem, serão como alguém que olha no espelho, vê a si mesmo, mas, assim que se afasta, esquece como era sua aparência. Se, contudo, observarem atentamente a lei perfeita que os liberta, perseverarem nela e a puserem em prática sem esquecer o que ouviram, serão felizes no que fizerem" (Tg 1.22-25).

Ore com poder: Senhor, ajuda-me a dar passos todos os dias para não apenas ler ou ouvir tua Palavra, mas realmente colocá-la em prática. Mostra-me o que já li em tua Palavra, ou que ouvi dela, e que ainda não esteja fazendo. Capacita-me a tomar as atitudes necessárias.

8. Agradeça a Deus o que ele fez por você

Jesus contou que somente um dos homens que ele havia curado voltou para o agradecer (Lc 17.11-19). Queremos ser gratos a Deus por tudo que ele fez e faz por nós todos os dias. Seja específica. Diga: "Obrigada por meu trabalho", "Obrigada por me curar", "Obrigada por aquilo que tu me deste". Saiba que tudo de bom que há em sua vida vem de Deus (Tg 1.17).

Diga com ousadia: "Estejam sempre alegres. Nunca deixem de orar. Sejam gratos em todas as circunstâncias, pois essa é a vontade de Deus para vocês em Cristo Jesus" (1Ts 5.16-18).

Ore com poder: Senhor, obrigada por tudo que me deste e tudo que fizeste por mim. Eu te agradeço por tua maneira de me oferecer sustento e cuidado.

9. Leia a Palavra de Deus todos os dias até sentir-se livre do medo

Deus sempre falará a você por meio das Escrituras. Quanto mais a Palavra de Deus se tornar parte de quem você é, mais íntima será sua caminhada com ele. O Senhor diz: "Não tenha medo, pois estou com você; não desanime, pois sou o seu Deus. Eu o fortalecerei e o ajudarei; com minha vitoriosa mão direita o sustentarei" (Is 41.10).

Diga com ousadia: "Se vocês permanecerem em mim e minhas palavras permanecerem em vocês, pedirão o que quiserem, e isso lhes será concedido!" (Jo 15.7).

Ore com poder: Senhor, ajuda-me a separar tempo para ler a tua Palavra todos os dias e a não buscá-la de maneira aleatória. Ensina-me a ler um livro inteiro da Bíblia por semana ou por mês. Melhor ainda, ajuda-me a ler a Bíblia inteira, do início ao fim. Capacita-me a crescer em profundidade no conhecimento da tua Palavra toda vez que eu a ler.

10. Mostre seu amor a Deus vivendo como ele deseja

Muito embora Davi tenha cometido pecados terríveis — assassinato, adultério e mentiras, só para citar alguns —, ele se arrependeu de seus erros e se humilhou diante de Deus. Davi aprendeu lições difíceis com seus erros, mas continuou a ser um homem segundo o coração do Senhor.

Diga com ousadia: "Aqueles que aceitam meus mandamentos e lhes obedecem são os que me amam. E, porque me amam, serão amados por meu Pai. E eu também os amarei e me revelarei a cada um deles" (Jo 14.21).

Ore com poder: Senhor, ajuda-me a ser humilde, disposta a aprender e arrependida como Davi. Capacita-me a ser uma pessoa segundo o teu coração. Ajuda-me a viver no teu amor, guardando teus mandamentos, para que minha alegria seja completa (Jo 15.11). Mostra-me qualquer área da minha vida na qual eu não esteja vivendo à tua maneira. Sei que, quando permito que o pecado permaneça em minha vida e não me arrependo, ele me separa de ti.

11. Recuse-se a fazer qualquer coisa que comprometa sua caminhada com Deus

Remova deliberadamente da sua vida tudo que não reflita a pureza, a santidade, a beleza e a luz de Deus. Livre-se de tudo que exalte outros deuses. Peça a Deus que lhe mostre qualquer pessoa, atividade ou situação que não deveria fazer parte de sua vida de maneira nenhuma. A Bíblia diz: "Não vivam mais como os gentios, levados por pensamentos vazios e inúteis" (Ef 4.17). Peça ao Senhor que lhe revele toda tentação de fazer algo que não seja o melhor para você. Se Deus lhe mostrar algo dessa natureza, peça a ele que lhe dê clareza, força e coragem para dizer "não". Se estiver fazendo algo que não glorifica o Senhor ou que está destruindo sua vida, dê adeus ao ídolo e diga a Deus que deseja servir e glorificar somente a ele.

Diga com ousadia: "Vigiem e orem para que não cedam à tentação, pois o espírito está disposto, mas a carne é fraca" (Mt 26.41).

Ore com poder: Senhor, mostra-me qualquer lugar em mim ou em minha vida no qual meu compromisso contigo não esteja firme. Ajuda-me a entrar "pela porta estreita. A estrada que conduz à destruição é ampla, e larga é sua porta, e muitos escolhem esse caminho" (Mt 7.13). Tu nos orientaste a lavar as mãos e a purificar o coração, para que não tenhamos "a mente dividida" (Tg 4.8). "Examina-me, ó Deus, e conhece meu coração; prova-me e vê meus pensamentos. Mostra-me se há em mim algo que te ofende e conduze-me pelo caminho eterno" (Sl 139.23-24). Não permitas que eu coloque um pé no teu reino e outro no mundo, pois sei que nunca abençoarás essa atitude.

12. Ore e não desista

Ao primeiro sinal de medo, corra a Deus em oração. Conte-lhe o que se passa em seu coração e ore pedindo proteção. Não permita que outros incutam em você o medo de jamais alcançar segurança. Deus é capaz de conduzir você para um local seguro ou tornar seguro o lugar onde você já está. Ele também pode escondê-la do mal.

A oração é nosso meio de comunicação com Deus. Se não orarmos, não teremos um relacionamento com o Senhor. Uma das parábolas que Jesus contou nos ensina que devemos "orar sempre e nunca desanimar" (Lc 18.1). Isso significa que não *desistimos*, nem paramos de orar. Dê tempo a Deus para que cumpra a vontade dele.

Diga com ousadia: "Dediquem-se à oração com a mente alerta e o coração agradecido" (Cl 4.2).

Ore com poder: Senhor, ajuda-me a não ficar desanimada quando as respostas às minhas orações não vierem com a rapidez que eu gostaria. Capacita-me a continuar orando, a despeito do que aconteça (At 6.4). Eu me achego a ti, sabendo que tu também te aproximarás de mim (Tg 4.8). Sou grata pelo privilégio de poder orar a ti confiando que tu me ouvirás e me atenderás.

13. Faça a oração que Jesus ensinou aos discípulos

Os discípulos perceberam que, quando Jesus se afastava deles a fim de orar, voltava cheio de poder para operar milagres. Entenderam a conexão entre oração e poder. Não perguntaram a Cristo como poderiam obter aquele poder. Em vez disso, pediram que lhes ensinasse a orar. E Jesus lhes ensinou a oração que hoje chamamos de Pai-nosso.

O QUE DEVEMOS FAZER QUANDO SENTIMOS MEDO?

Nessa oração, Jesus nos ensina a reconhecer que Deus é nosso Pai celestial, o que estabelece nosso relacionamento pessoal com ele, pois somos seus filhos. Devemos entrar em sua santa presença com adoração e louvor. Devemos orar para que sua vontade seja feita e seu reino seja consolidado na terra, assim como é no céu. Isso quer dizer que oramos para que seu reino seja consolidado em nós mesmos, nas pessoas que amamos e com as quais nos importamos e no mundo em que vivemos.

Ele também nos ensinou a pedir que todas as nossas necessidades sejam atendidas por Deus e que Deus perdoe nossos pecados da mesma maneira que nós perdoamos aqueles que pecaram contra nós. Isso abre nossa percepção para quão equivocada é a falta de perdão que talvez abriguemos no coração. Também devemos pedir força a Deus para resistir a qualquer tentação e para que sejamos libertos do mal. Por fim, devemos declarar que seu reino e sua glória são para sempre. O nome de Jesus não foi usado nessa oração porque ele ainda não havia sido crucificado, nem tinha ressuscitado.

Caso você se encontre em uma situação na qual necessita orar e não sabe por onde começar, ore o Pai-nosso. Essa prece abrange tudo e você pode acrescentar detalhes depois. É possível que comumente negligenciemos essa oração, mas seremos os mais miseráveis se agirmos assim.

Diga com ousadia: "Quando orarem, cada um vá para seu quarto, feche a porta e ore a seu Pai, em segredo. Então seu Pai, que observa em segredo, os recompensará. [...] pois seu Pai sabe exatamente do que vocês precisam antes mesmo de pedirem" (Mt 6.6,8).

Ore com poder: "Pai nosso que estás no céu, santificado seja o teu nome. Venha o teu reino. Seja feita a tua vontade, assim na terra como no céu. Dá-nos hoje o pão para este dia, e perdoa nossas dívidas, assim como perdoamos os nossos devedores. E não nos deixes cair em tentação, mas livra-nos do mal. Pois teu é o reino, o poder e a glória para sempre. Amém" (Mt 6.9-13).

14. Peça a Deus que a ajude a demonstrar amor aos outros

Ninguém viu a Deus, mas quando demonstramos amor por outras pessoas, esse ato revela o amor que Deus tem por elas. "Ninguém jamais viu a Deus. Mas, se amamos uns aos outros, Deus permanece em nós, e seu amor chega, em nós, à expressão plena" (1Jo 4.12). As pessoas que não amam os outros não conhecem a Deus. "Quem não ama não conhece a Deus, porque Deus é amor" (1Jo 4.8).

Jesus ordenou que amássemos uns aos outros. Às vezes, isso pode ser difícil sem a ajuda dele. Se esse for o seu caso, peça-lhe que encha seu coração de amor e a ensine a ver quem necessita de um ato especial de bondade a cada dia. Pode ser alguém que você não conhece — talvez Deus lhe revele um estranho que precise de uma expressão de amor —, mas também pode ser um amigo ou familiar. Muitas vezes, não conseguimos enxergar a verdadeira dor ou necessidade de alguém próximo a nós. Ao ser interrogado por um mestre da lei acerca de qual é o maior mandamento, Jesus explicou que é amar a Deus e aos outros (Mt 22.34-40). Nada do que fazemos é mais importante que essas duas coisas.

Peça a Deus que lhe mostre como amar os outros assim como ele ama. Pode ser algo tão simples e transformador quanto conversar com uma pessoa ou orar por ela. O Senhor lhe mostrará. E você será recompensada com maior paz na mente e na alma. Às vezes, orar para que outra pessoa seja liberta do medo é uma boa maneira de vencer também o próprio temor.

Diga com ousadia: "'Ame o Senhor, seu Deus, de todo o seu coração, de toda a sua alma e de toda a sua mente'. Este é o primeiro e o maior mandamento. O segundo é igualmente importante: 'Ame o seu próximo como a si mesmo'" (Mt 22.37-39).

Ore com poder: Senhor, ajuda-me a demonstrar atos deliberados de amor a alguém que hoje necessita de uma porção especial de aceitação, encorajamento ou auxílio. Capacita-me a obedecer aos dois maiores mandamentos — amar a ti e aos outros. Ajuda-me a fazer pelos outros o que eu gostaria que eles me fizessem (Mt 7.12).

15. Celebre a Ceia do Senhor em memória dele

A Ceia do Senhor, também chamada de Santa Ceia, é algo que Jesus ordenou, e devemos fazer o que ele diz. O propósito da Ceia é nos lembrar do que Cristo realizou por nós na cruz. Por meio da celebração em memória desse sacrifício extraordinário, também recebemos cura e renovação. É possível que você já participe de maneira regular da Ceia do Senhor em sua igreja, mas, se não for esse caso, você pode fazer isso sozinho, ou com uma ou mais pessoas, assim como Jesus ordenou. Celebre a Ceia do Senhor sempre que sentir o medo tentando tomar conta de você. Quando você comemora a vitória de Cristo na cruz, o inimigo fica enraivecido, pois se recorda da própria derrota.

Diga com ousadia: "Na noite em que o Senhor Jesus foi traído, ele tomou o pão, agradeceu a Deus, partiu-o e disse:

'Este é meu corpo, que é entregue por vocês. Façam isto em memória de mim'. Da mesma forma, depois da ceia, tomou o cálice e disse: 'Este cálice é a nova aliança, confirmada com meu sangue. Façam isto em memória de mim, sempre que o beberem'. Porque cada vez que vocês comem desse pão e bebem desse cálice, anunciam a morte do Senhor até que ele venha" (1Co 11.23-26).

Ore com poder: Senhor, obrigada por tudo que realizaste na cruz. Ajuda-me a não negligenciar a obediência à tua ordem de celebrar a ceia em memória de ti. Obrigada pela cura e pela liberdade provenientes dessa celebração.

16. Peça a Deus que revele a vontade dele para a sua vida

Não há como saber certas coisas, a menos que perguntemos. A vontade de Deus para nossa vida é uma delas. Podemos achar que sabemos e, por isso, não perguntamos ao Senhor: "Qual é a tua vontade para mim nesta situação?". Ou não perguntamos o suficiente. Mas, quando descobrimos o que Deus quer, devemos dizer bem rápido: "Eu quero o mesmo que tu desejas, Senhor".

Quando o anjo apareceu para Maria, a fim de lhe contar que ela havia sido escolhida para dar à luz o Messias, a resposta foi: "Que aconteça comigo tudo que foi dito a meu respeito" (Lc 1.38). Diga a Deus que você deseja ser tão rápido quanto Maria ao responder: "Seja feita a tua vontade, Senhor, não a minha".

Diga com ousadia: "Ele avançou um pouco, curvou-se com o rosto no chão e orou: 'Meu Pai! Se for possível, afasta de mim este cálice. Contudo, que seja feita a tua vontade, e não a minha'" (Mt 26.39).

Ore com poder: Senhor, desejo que tua vontade, não a minha, se faça em mim. Mostra-me qual é a tua vontade a cada dia, enquanto eu a busco em ti.

17. Conte a alguém o que Deus fez por você

É sábio manter na lembrança tudo que Deus já fez por você. Isso prova que você tem o temor do Senhor — a reverência por Deus — em seu coração. Dessa maneira, "se alguém lhes perguntar a respeito de sua esperança, estejam sempre preparados para explicá-la" (1Pe 3.15). Esse é um princípio poderoso. "Todos temerão; proclamarão as obras de Deus e entenderão o que ele faz" (Sl 64.9). É sábio não guardar só para nós aquilo que Deus nos fez. A Bíblia ensina: "Temam o Senhor e sirvam a ele fielmente, de todo o coração. Pensem em todas as coisas maravilhosas que ele fez por vocês" (1Sm 12.24). Nosso amor por Deus nos dá coragem para servi-lo partilhando com os outros as coisas maravilhosas que ele fez por nós.

Diga com ousadia: "Venham e ouçam, todos vocês que temem a Deus, e eu lhes contarei o que ele fez por mim" (Sl 66.16).

Ore com poder: Senhor, ajuda-me a manter na lembrança e a considerar com sabedoria tudo aquilo que fizeste por mim. Ensina-me a refletir em tuas obras e a contar aos outros como me abençoaste de maneira específica.

18. Perdoe os outros e não faça planos de vingança

Deus não tolera a falta de perdão. Jesus entregou a própria vida em sacrifício torturante para que pudéssemos receber perdão completo de todos os pecados. Ele espera que liberemos os outros, perdoando-os de forma total, para que possamos prosseguir com a vida. Trata-se de uma regra inflexível e inquebrável. Não fomos feitos para abrigar a falta de perdão sem que esta nos mate aos poucos. A vingança é ainda pior. Ela nos destrói rapidamente. Deus diz que, se armazenarmos vingança no coração, ele não ouvirá nossas orações. Isso quer dizer que nosso relacionamento com ele só crescerá quando tirarmos essas coisas do coração.

Nunca é bom ter vingança no coração e na mente, nem quando você acha que a outra pessoa merece. Por isso, não aja assim. A vingança coloca tamanha ansiedade na mente e na alma que acaba afetando a saúde de forma negativa. Aliás, a melhor vingança é entregar a pessoa por completo nas mãos do Senhor. Assim você não mantém o outro ligado à sua vida, nem mesmo em pensamento. Pode ser terrível cair nas mãos de Deus depois de fazer mal a um de seus filhos. O Senhor declara: "A vingança cabe a mim", e ele está falando sério (Dt 32.35). Você não vai querer estar por perto quando isso acontecer. Ele não precisa de sua ajuda.

Diga com ousadia: "Quando estiverem orando, se tiverem alguma coisa contra alguém, perdoem-no, para que seu Pai no céu também perdoe seus pecados" (Mc 11.25).

Ore com poder: Senhor, ajuda-me a perdoar as pessoas e a não nutrir rancor por elas. Sei que a falta de perdão e a amargura são totalmente contrárias à maneira que desejas que vivamos. Em vez disso, capacita-me a perdoar todo aquele que, de um modo ou de outro, me feriu, me negligenciou ou abusou de mim ou de minha família. Não quero experimentar a tortura que a falta de perdão pode me trazer. Acima de tudo, não quero adiar teu perdão a mim, já que esperas que eu te obedeça perdoando os outros. Ajuda-me a ser bondosa, gentil e perdoadora, assim como tu me perdoaste (Ef 4.32).

19. Escolha não julgar os outros

É sinal de orgulho e arrogância de nossa parte quando adquirimos o hábito de julgar outras pessoas. Além do mais, essa prática invoca um julgamento maior sobre nós. Isso acontece porque é hipocrisia achar que não temos defeito e nos dar o direito de julgar os outros. Não estou dizendo que não devemos condenar o pecado quando o virmos. Mas o julgamento crítico começa conosco. Jesus disse: "Não julguem para não serem julgados [...]. Por que você se preocupa com o cisco no olho de seu amigo enquanto há um tronco em seu próprio olho?" (Mt 7.1,3).

Mesmo se fizermos tudo certo, ainda podemos ser tomados por atitudes e pensamentos errados, além de falta de perdão — sobretudo quando pensamos que já vencemos tudo. É somente a justiça de Jesus em nós que nos faz parecer retos diante de Deus. Como, então, podemos julgar os outros?

Diga com ousadia: "Vocês serão julgados pelo modo como julgam os outros. O padrão de medida que adotarem será usado para medi-los" (Mt 7.2).

Ore com poder: Senhor, mostra-me as áreas das quais me orgulho e nas quais acabo julgando os outros, com espírito crítico. Sei que criticar os outros não traz a paz e a bênção que desejo de ti. Mostra-me meus defeitos para que eu me concentre em me livrar deles e me tornar mais semelhante a ti.

20. Dê a Deus e aos outros, para acumular tesouros no céu

Deus requer que entreguemos a ele o que recebemos. Se reconhecermos que tudo que temos nos foi concedido por ele, é fácil devolver-lhe uma parte, para o avanço de seu reino.

Isso é muito importante. Jesus disse que não podemos servir a dois senhores — Deus e o dinheiro —, pois amaremos somente um deles (Mt 6.24). Jesus também afirmou: "Dê a quem pedir e não volte as costas a quem quiser tomar emprestado de você" (Mt 5.42). Deus quer que demos não só a ele, mas também aos outros. "Como é feliz aquele que se importa com o pobre! Em tempos de aflição, o SENHOR o livra" (Sl 41.1).

Diga com ousadia: "Não ajuntem tesouros aqui na terra, onde as traças e a ferrugem os destroem, e onde ladrões arrombam casas e os furtam. Ajuntem seus tesouros no céu, onde traças e ferrugem não destroem, e onde ladrões não arrombam nem furtam. Onde seu tesouro estiver, ali também estará seu coração" (Mt 6.19-21).

Ore com poder: Senhor, sei que tu amas "quem dá com alegria" (2Co 9.7). A tua Palavra diz: "O generoso prospera; quem revigora outros será revigorado" (Pv 11.25). Ajuda-me a ser alegre e rico em generosidade. As Escrituras também afirmam: "Quem ajuda os pobres não passará necessidade, mas quem fecha os olhos para a pobreza será amaldiçoado" (Pv 28.27). Mostra-me exatamente a quem dar e o que dar. Ajuda-me a nunca te roubar, falhando em lhe dar o que requeres.

– Poder da oração –

Senhor, ajuda-me a fazer o que for necessário para que, sempre que sentir medo, eu disponha de um forte fundamento estabelecido em ti. Entrego a ti a minha vida e tudo que há nela. Eu te louvo e te agradeço por seres quem és e por tudo que fizeste por mim. Ajuda-me a manter a mente focada em coisas boas, não em coisas negativas e assustadoras.

Ajuda-me a sempre andar em teus caminhos e a guardar tuas leis e teus mandamentos. Guarda-me de fazer qualquer coisa que comprometa minha caminhada contigo. "Faze-me ouvir do teu amor a cada manhã, pois confio em ti. Mostra-me por onde devo andar, pois me entrego a ti" (Sl 143.8).

Ajuda-me a partilhar facilmente com os outros todas as coisas boas que fizeste em minha vida. Capacita-me a fazer o que é certo e a parar de fazer o que não tem impacto positivo em minha vida. Ajuda-me a perdoar quando for necessário e a não me apegar a pensamentos de vingança. Ajuda-me a me livrar de toda e qualquer tentação para fazer o contrário disso. Mostra-me qualquer atitude de minha parte que não seja o melhor para minha vida. Ensina-me a compartilhar o que fizeste por mim com outros que precisam ouvir. Capacita-me a dar a ti e aos outros da maneira que desejas. Ajuda-me a fazer o que for preciso para que o medo seja mantido bem longe de minha vida.

Em nome de Jesus, amém.

– Poder da Palavra –

Posso todas as coisas por meio de Cristo, que me dá forças.
FILIPENSES 4.13

*E tudo que fizerem ou disserem,
façam em nome do Senhor Jesus,
dando graças a Deus, o Pai, por meio dele.*
COLOSSENSES 3.17

*Livrem-se de sua antiga natureza e de seu velho modo de viver,
corrompido pelos desejos impuros e pelo engano.*

*Deixem que o Espírito renove seus pensamentos e atitudes
e revistam-se de sua nova natureza,
criada para ser verdadeiramente justa e santa como Deus.*
EFÉSIOS 4.22-24

*Ajudem a levar os fardos uns dos outros
e obedeçam, desse modo, à lei de Cristo.*
GÁLATAS 6.2

*Venham a mim todos vocês que estão cansados e sobrecarregados,
e eu lhes darei descanso.*
MATEUS 11.28

8

Quais são as táticas de medo usadas pelo inimigo?

Jesus descreveu Satanás como seu inimigo. E o inimigo de Deus é nosso inimigo. Isso acontece porque o inimigo odeia qualquer um que crê em Jesus e adora o único Deus verdadeiro. Aqueles que fazem a vontade do inimigo também nos odeiam.

O medo extremo sempre será uma das principais táticas de nosso adversário. Ele usa estratégias malignas para promover o medo e fará qualquer coisa para nos deixar receosos. Nosso pavor é a vitória do inimigo. A paz e a libertação do medo sempre serão um dom dado por Deus a nós. O Senhor não quer que vivamos amedrontados, pois o medo do inimigo pode nos destruir. Davi orou: "Ó Deus, ouve minha queixa; protege-me das ameaças de meus inimigos" (Sl 64.1).

Se não tivermos a consciência de que temos um inimigo, quem ele é e quais são suas táticas, nós também seremos manipulados, ouviremos mentiras, seremos roubados, ele tirará vantagem de nós e, por fim, testemunharemos seus planos de destruição se manifestarem em nossa vida. Um dos objetivos da vinda de Jesus à terra foi destruir as obras de Satanás. "Quando continua a pecar, mostra que pertence ao diabo, pois o diabo peca desde o início. Por isso o Filho de Deus veio, para destruir as obras do diabo" (1Jo 3.8). Jesus nos proveu um meio de retomar tudo aquilo que o inimigo roubou de nós. A fim de fazer isso, precisamos identificar as táticas do adversário e ficar atentos a elas, bem como ter nossas próprias estratégias para resistir a ele.

A tática do inimigo é roubar, matar e destruir

O inimigo quer roubar de você. Ele roubará sua esperança, sua paz e sua fé em Deus se achar espaço para isso. Satanás quer que você viva em constante temor. Sempre que sentimos medo, algo de nossa vida nos é tirado. Se somos temerosos, deixamos boas oportunidades irem embora — deixamos de fazer o que necessitamos e fazemos coisas que não deveríamos. O medo rouba não só nossa alegria, mas também nosso sono e nossa saúde. Jesus disse acerca de nosso inimigo: "O ladrão vem para roubar, matar e destruir. Eu vim para lhes dar vida, uma vida plena, que satisfaz" (Jo 10.10).

O inimigo trama maneiras de matar tudo que diz respeito a você. Ele tentará matar seu corpo, sua mente, seu casamento, suas aspirações, seus relacionamentos, seu senso de propósito e muito mais. A menos que possamos ser usados para as intenções *dele*, Satanás não apenas quer nos matar como também quer o mesmo para nossos filhos. Não se esqueça disso e resista a todos os ataques do inimigo sobre qualquer parte de sua vida ou família.

O inimigo quer destruir tudo de bom em sua vida. Ele tentará destruir sua saúde, sua família, seu trabalho, suas finanças, sua reputação e seu amor a Deus. Há cristãos demais sendo derrubados pelo adversário de nossa alma porque acham que coisas ruins simplesmente acontecem e que a vida é assim mesmo.

Não se encontram ativamente engajados contra o inimigo e, em consequência, estão totalmente despreparados para enfrentar essa oposição.

Comumente, nossas maiores batalhas envolvem manter fortalecidos nossos relacionamentos familiares — entre irmãos, pais, filhos, marido e mulher ou familiares do cônjuge. O inimigo odeia o fato de podermos integrar uma família. Ele precisa recrutar outros para o lado dele, lançando mão de mentiras. Há muita gente que não entende isso e cai direitinho na armadilha de Satanás, sendo rude, cruel, egoísta e sem consideração com os próprios parentes. Permite que os vínculos familiares sejam destruídos porque acham que têm o direito de fazê-lo. Desempenham exatamente o papel que o inimigo planejou. Precisamos vencer a batalha dos nossos relacionamentos familiares. E isso requer oração constante — não só durante os períodos de prova, mas também antes que eles comecem.

A tática do inimigo é devorar

"Devorar" significa engolir com voracidade. Você sabia que sua mente pode ser devorada pelo medo? O medo pode deixá-la incapacitada. É assim que o inimigo opera. Você pode sentir como se algumas partes de sua vida — ou talvez todas elas — estivessem sendo tragadas: suas finanças, os resultados de seu trabalho árduo, seu senso de propósito, seus dons e seu rumo. Isso pode levá-la a sentir como se toda energia, motivação, senso de propósito e tudo o mais que sustenta a vida e faz que ela valha a pena fosse consumido por causa do medo, a ponto de acabar com sua fé e seu compromisso com o Senhor. Se esse for o seu caso, apenas saiba que você pode dar fim a isso e erguer uma barreira invisível contra as tentativas do inimigo de devorar sua vida.

A Bíblia diz: "Estejam atentos! Tomem cuidado com seu grande inimigo, o diabo, que anda como um leão rugindo à sua volta, à procura de alguém para devorar" (1Pe 5.8). Precisamos pensar com clareza sobre o que o inimigo deseja devorar em nossa vida e ser vigilantes em oração, pedindo a Deus que o impeça de fazer isso. A Bíblia nos instrui a tomar o reino de Deus por força. Parte disso tem a ver com orar poderosamente ao Senhor e nos reapropriar daquilo que o adversário devorou.

A tática do inimigo é seduzir as pessoas a acreditar nas mentiras que ele diz

A maior artimanha do inimigo é cegar as pessoas para a verdade e enganá-las com mentiras. Ele é capaz de fazer tudo que quiser com aqueles que creem nele e não em Deus. É por isso que devemos adquirir um conhecimento sólido da verdade divina. Quando não sabemos distinguir entre a verdade do Senhor e uma mentira do inimigo, estamos em apuros.

Satanás não está em todo lugar. Ele só pode ir aonde há uma abertura para ele. O inimigo não é onisciente e não sabe o que você pensa. Ele só conhece o que você *diz*. Por isso, vigie o que fala. Se você disser: "Eu odeio minha vida e não quero mais continuar vivo", Satanás o ajudará a conseguir o que quer. Ou, se disser: "Sei que posso todas as coisas em Cristo, que me fortalece, e Deus me capacitará a viver da maneira que ele planejou porque oro em nome de Jesus", o inimigo não terá poder contra as orações que você faz em nome de Jesus. O inimigo não está nem perto de ser poderoso como Deus. Só o Senhor está em toda parte e sabe de tudo. Mantenha essa realidade bem firme em sua mente.

Uma prova de que o adversário não sabe de tudo é que ele, o "deus desta era" — Satanás, junto com seus demônios — não entendeu o que Deus planejava ao permitir que Jesus fosse crucificado. Isso aconteceu porque os mistérios divinos não estão revelados ao inimigo. O conhecimento que ele tem dos planos do Senhor é limitado. "Foi a nós que Deus revelou estas coisas por seu Espírito. Pois o Espírito sonda todas as coisas, até os segredos mais profundos de Deus. [...] ninguém conhece os pensamentos de Deus, senão o Espírito de Deus" (1Co 2.10-11). Temos o Espírito Santo de Deus dentro de nós, e o Espírito nos capacita a entender coisas que os descrentes não compreendem. "Nós recebemos o Espírito de Deus, e não o espírito deste mundo, para que conheçamos as coisas maravilhosas que Deus nos tem dado gratuitamente" (1Co 2.12).

Que presente maravilhoso poder conhecer a verdade que nos liberta e rejeitar as mentiras do inimigo que nos fazem duvidar!

As pessoas que mentem entregam um pedaço do coração ao inimigo cada vez que o fazem. Precisamos decidir ser agentes da verdade. Isso significa crer e falar somente a verdade. Nada mais, nada menos.

Jesus disse o seguinte a respeito de Satanás: "Ele foi assassino desde o princípio. Sempre odiou a verdade, pois não há verdade alguma nele. Quando ele mente, age de acordo com seu caráter, pois é mentiroso e pai da mentira" (Jo 8.44). Não se alie ao pai da mentira. Alie-se ao Pai das luzes e ao Espírito Santo da verdade (Tg 1.17) .

A tática do inimigo é condenar

Se você verdadeiramente andar segundo o Espírito — ou seja, se for totalmente conduzida por ele —, não pecará contra Deus. Mas, se você transgredir uma das leis ou um dos caminhos de Deus, ele lhe dá o dom da confissão e do arrependimento, para que possa limpar a ficha na mesma hora. Caso não se livre da culpa, o inimigo derramará condenação sobre você, e você não terá mais paz, nem conseguirá se sentir bem sobre si mesmo ou sobre a própria vida.

Jesus resolveu o problema da condenação para que você não precise mais viver debaixo dessa maldição. Você não está mais separado de Deus (Ef 4.8-10). Jesus acabou com a capacidade do inimigo de mantê-la cativa por causa do pecado. Portanto, não se permita acreditar na mentira de Satanás, que diz: "Você é culpada. Não merece sucesso na vida". Se você aceitou Jesus, todos os seus pecados passados foram perdoados. E você pode decidir se livrar dos pecados subsequentes ao trazê-los diante de Deus com o coração arrependido e confessá-los integralmente.

Há bastante medo no coração de muitas pessoas por causa da força constante e esmagadora dos planos horrendos do inimigo colocados em ação, porque os enganados creem nas mentiras de Satanás e fazem a vontade dele. Mas a Bíblia diz aos que creem no único Deus verdadeiro: "Você estará segura sob um governo justo e imparcial, e seus inimigos se manterão afastados. Viverá em paz, e nenhum terror se aproximará" (Is 54.14). Tome a resolução de depender da verdade que a liberta, não das mentiras que causam destruição.

Decida orar sobre tudo que traz medo à sua mente e ao seu coração.

Nosso foco deve permanecer em Deus, não em Satanás, mas isso não significa que devemos ignorar o inimigo e fazer de conta que não temos um adversário. Isso revelaria ignorância e falta de conhecimento da verdade de Deus. O inimigo ama quando não temos noção da realidade. A fim de combater suas táticas, precisamos ter nossas próprias estratégias infalíveis. Apresento a seguir algumas dessas estratégias, as quais você não pode deixar de colocar em prática.

Para combater as táticas do inimigo, reconheça que você já está em guerra

Por ser cristã, você já está envolvida em batalha espiritual, quer reconheça essa realidade, quer não. Você pode pensar que algumas das dificuldades que acontecem com você ou com outras pessoas, ou coisas que se evidenciam em situações no mundo ao seu redor são apenas partes normais da vida, aspectos que você não tem capacidade de mudar. Mas a situação é muito mais sinistra que isso. Tudo resulta do *plano* do inimigo. Você pode até achar que não está em guerra, mas está sim.

Mesmo que *não* tenha aceitado Jesus, você ainda assim está em meio a um combate. Apenas desconhece tais circunstâncias e, por isso, não tem nenhum controle sobre as coisas que lhe acontecem. Você pode estar sofrendo com problemas recorrentes — como enfermidades, acidentes, dificuldades, problemas nos relacionamentos ou qualquer outra coisa — e achar que é apenas azar, mas não é só isso. É ação do inimigo de sua alma — um adversário que você nem sabe que existe. E você não percebe que o alicerce em que você se ampara foi construído sobre a areia, não sobre a Rocha.

O PODER DA ORAÇÃO QUE DOMINA O MEDO

Não podemos nos dar ao luxo de pensar tolamente: "Se eu não reconheço que tenho um inimigo, então não preciso me envolver na luta contra ele". A verdade é que o inimigo tem um plano para sua vida, e Deus também tem. Deus lhe dá o livre-arbítrio e permite que você escolha o plano dele. Sua decisão determina seu futuro.

Conheço pessoas que acreditavam que, se jamais reconhecessem a existência do inimigo — sobretudo se não aceitassem o fato de que o inimigo de Deus é inimigo delas também —, poderiam ficar completamente fora da guerra. Mas todos aqueles que negam a batalha espiritual, que só terminará na ocasião do retorno do Senhor, estão fadados a perdê-la.

Até mesmo cristãos que entendem a batalha do inimigo contra nós costumam pensar que, se contenderem em oração para que a vontade do Senhor prevaleça em uma batalha específica, depois que essa batalha terminar, a guerra acabará também. Mas a guerra nunca termina, porque o inimigo nunca desiste de batalhar contra você.

Se reconhecermos que já estamos em guerra, teremos melhores condições de resistir fortemente em oração contra o inimigo. Quando Jesus morreu na cruz, ele nos deu a certeza da vitória sobre o inimigo. Entretanto, precisamos travar a batalha em oração. A verdadeira batalha é a oração. Sempre que falamos com Deus, o campo de batalha é aquele nosso cantinho de oração. A oração e a Palavra de Deus são nossas primeiras linhas de defesa na batalha contra o inimigo.

Escrevi um livro inteiro sobre esse assunto, chamado *Guerreiras de oração*, no qual explico o que é combater em oração. Explico que, mesmo que você não se considere uma guerreira de oração, se estiver sofrendo ou se vir os outros sofrendo e sentir vontade de fazer algo a esse respeito, você já tem o coração de uma guerreira de oração. Se você se sente furiosa com a injustiça em sua vida ou na vida dos outros e gostaria de dar fim a essa situação, já tem o coração de uma guerreira de oração. Se já desejou profundamente poder fazer algo para impedir uma tragédia, então você já tem o coração de uma guerreira de oração.

Na Bíblia, quando Jesus disse: "Siga-me", em essência estava dizendo: "Saia do mundo e entre no reino de Deus", "Saia do perigo e venha para a segurança", "Saia das trevas e venha para a luz", "Saia do estresse e do medo e venha para a paz". Ele disse, de maneira específica: "Venham a mim todos vocês que estão cansados e sobrecarregados, e eu lhes darei descanso. Tomem sobre vocês o meu jugo. Deixem que eu lhes ensine, pois sou manso e humilde de coração, e encontrarão descanso para a alma. Meu jugo é fácil de carregar, e o fardo que lhes dou é leve" (Mt 11.28-30).

Quando você se alia a Deus e descansa nele mesmo diante de um ataque do inimigo, os fardos que pesam sobre seu coração são colocados sobre o Senhor enquanto você ora. E as coisas que o Senhor deseja que você faça por ele serão mais fáceis porque *ele* levará o peso.

Para combater as táticas do inimigo, afaste-se do mal

Afastar-se do mal significa que, depois de reconhecer que está envolvida na batalha espiritual entre Deus e Satanás, você faz tudo que está a seu alcance para garantir que não está cedendo terreno para o inimigo em sua vida.

Afastar-se do mal é andar com Deus e viver por ele, e não de acordo com a mentalidade mundana. A Bíblia diz: "O temor do Senhor é a verdadeira sabedoria; afastar-se do mal é o verdadeiro entendimento" (Jó 28.28). As pessoas que não temem o Senhor e não o reverenciam carecem de sabedoria e entendimento divinos. Deus quer que nos mantenhamos "afastados de toda forma de mal" (1Ts 5.22). Quem não tem sabedoria nem entendimento provenientes de Deus pode, com facilidade, permitir que alguma forma de mal entre em sua vida; porém, se estivesse totalmente entregue ao Senhor, isso não aconteceria.

A Bíblia diz: "Amem as pessoas sem fingimento. Odeiem tudo que é mau. Apeguem-se firmemente ao que é bom" (Rm 12.9). Se não abominamos o que é mau enquanto alegamos amar a Deus, somos hipócritas. O remédio para isso é nos apegar ao que é bom.

Tanto Deus quanto os caminhos divinos são sempre bons.

Reiterando algo que nunca é demais: não dá para ter um pé no reino de Deus e outro no reino do inimigo. Nossa vida precisa estar alicerçada na Rocha. As Escrituras afirmam: "Ninguém pode lançar outro alicerce além daquele que já foi posto, isto é, Jesus Cristo" (1Co 3.11). Somos aconselhados: "Não tenha inveja dos violentos, nem imite sua conduta" (Pv 3.31). Precisamos ser diligentes a esse respeito. Quando não somos capazes de identificar aquele que nos oprime, facilmente o imitamos.

Jesus disse: "Eu lhes mostrarei como é aquele que vem a mim, ouve as minhas palavras e as pratica. Ele é como a pessoa que está construindo uma casa e que cava fundo e coloca os alicerces em rocha firme. Quando a água das enchentes sobe e bate contra essa casa, ela permanece firme, pois foi bem construída" (Lc 6.47-48).

A Rocha firme é Jesus. Sua presença afeta cada um dos aspectos de nossa existência. A Rocha firme também é chamada de "Palavra de Deus" (Ap 19.13). Jesus e sua Palavra são inseparáveis. É estando sobre esse alicerce firme que nós reconhecemos o mal e nos afastamos dele. Isso significa que vivemos da maneira como somos orientados por Deus. "Os que me ouvem, porém, viverão em paz, tranquilos e sem temer o mal" (Pv 1.33). Nesse versículo, o pronome "me" se refere à sabedoria.

Para combater as táticas do inimigo, dependa do poder do Espírito Santo

Jesus disse a seus discípulos que, depois de ser crucificado e ressuscitar de novo, iria para o Pai e enviaria o Espírito Santo para estar *com* eles e *dentro* deles (Jo 16.5-11). O mesmo se aplica a nós hoje. Quando aceitamos a Jesus, ele nos dá seu Espírito, para que habite em nosso interior. Esse é o sinal de que pertencemos a Cristo. É por isso que precisamos reconhecer o poder do Espírito Santo operando *em* nós e *por meio* de nós.

Repetimos o seguinte texto bíblico neste capítulo sobre guerra espiritual, pois, se não o entendermos, perderemos muitas batalhas. A Bíblia diz: "Vocês, porém, não são controlados pela natureza humana, mas pelo Espírito, se de fato o Espírito de Deus habita em vocês. E, se alguém não tem o Espírito de Cristo, a ele não pertence" (Rm 8.9). Se em você não habita o Espírito Santo — também chamado de Espírito de Cristo —, então você é controlada pela natureza humana, pois não aceitou Jesus. Volto a ressaltar que não estou falando sobre os diversos derramamentos ou as diferentes manifestações do Espírito Santo. Refiro-me àquilo que acontece quando você aceita o Senhor.

Quando aceitou Jesus, você recebeu "o selo do Espírito Santo que [Cristo] havia prometido" (Ef 1.13). O Espírito Santo em nós "é a garantia de nossa herança" (Ef 1.14), e isso quer dizer que a herança que nos virá da parte de Deus está assegurada. E grande porção dessa herança corresponde à vitória sobre o inimigo.

O Espírito de Cristo é o poder de Deus. A Bíblia afirma: "A mensagem da cruz é loucura para os que se encaminham para a destruição, mas para nós que estamos sendo salvos ela é o poder de Deus" (1Co 1.18). Deus compartilha o poder dele com você. Suas orações têm poder porque o Espírito Santo habita em seu interior. A Palavra de Deus tem poder, e o Espírito Santo a torna vigente em você. É assim que ele lhe dá poder sobre o inimigo. Se você negar o Espírito Santo em seu interior, estará negando o poder de Deus que opera em você. Aquilo que Jesus realizou na cruz é a base de nossa salvação. A ressurreição de Cristo sempre foi plano de Deus. Ela destruiu os projetos do inimigo e todo o poder que ele pudesse ter.

Isso quer dizer que, ao aceitar o Senhor, você é transportada para um novo reino e não precisa voltar nunca mais ao reino das trevas. Jesus veio ser luz neste mundo, para que quem nele crê não precise viver na escuridão (Jo 12.46). Não só passaremos a eternidade com ele, como também reinaremos com ele nesta vida. Tudo isso acontece pelo poder do Espírito Santo dentro de nós. Jesus não é fraco ao tratar conosco. Ao contrário, é poderoso entre nós (2Co 13.3). Jesus é poderoso sobre sua vida por meio do poder do Espírito que habita em você.

É Jesus quem governa sua vida, não o mal. Mas você precisa viver como quem acredita nisso. Você não deseja fazer parte do grupo de pessoas que "trairão os amigos, serão imprudentes e cheias de si e amarão os prazeres em vezes de amar a Deus", que "serão religiosas apenas na aparências, mas rejeitarão o poder" de Deus (2Tm 3.4-5). Você não quer aparentar piedade ao mesmo tempo que nega o poder dessa virtude. A Bíblia a instrui a se afastar de quem faz isso.

Para combater as táticas do inimigo, saiba que somente o Senhor é santo

Moisés cantou um hino de gratidão pelo fato de o Senhor ter libertado os israelitas. O profeta disse: "Quem entre os deuses é semelhante a ti, ó Senhor, glorioso em santidade, temível em esplendor, autor de grandes maravilhas?" (Êx 15.11).

Em razão de o Senhor ter-lhe dado o filho pelo qual ela havia orado, Ana agradeceu dizendo: "Ninguém é santo como o Senhor; não há outro além de ti, não há Rocha como o nosso Deus!" (1Sm 2.2).

Os vitoriosos remidos entoam no céu um cântico semelhante ao de Moisés, algo que o Apocalipse chama de "cântico do Cordeiro": "Quem não te temerá, Senhor? Quem não glorificará teu nome? Pois só tu és santo" (Ap 15.4).

Tenho uma característica pessoal que creio vir do Senhor. Eu fico bem incomodada quando ouço alguém dizer o adjetivo "santo" de modo negligente. Quando o ouço, sempre digo comigo: "Ninguém é santo como o Senhor". Exaltar coisas profanas, corriqueiras e, em muitos casos, vulgares, tirando a soberania do Senhor, é uma atitude que não o agrada. E não queremos desagradar a Deus. Não é respeitoso para com ele. Não demonstra temor do Senhor. Logo, não pode fazer bem para nossa saúde e nosso bem-estar. Essa é uma das muitas mentiras que o inimigo tenta incutir em nós.

O PODER DA ORAÇÃO QUE DOMINA O MEDO

Sempre precisamos pensar em que reino estamos alicerçados. Isso não é legalismo. Trata-se de uma condição do coração que reflete qual reino escolhi: o de Deus ou o do inimigo. Sei que, se meu espírito se entristece ao ouvir essas coisas, quanto mais o Espírito Santo! Se você faz declarações desse tipo, pergunte a Deus o que ele pensa e se ele sente que isso o glorificará. Caso tome coragem, ao ouvir alguém fazer esse tipo de comentário profano, você pode dizer: "Ninguém é santo como o Senhor". Você não estará pregando, apenas declarando uma realidade. E não estará dizendo o que o outro deve fazer. Trata-se apenas de deixar bem claro a qual reino você pertence.

As pessoas influenciadas pelo inimigo são aquelas que deram espaço a ele, quer de maneira deliberada, quer por ignorância. Jesus é Senhor, e, no que se refere a esse senhorio não dá para baixar a guarda em nossa mente ou coração. Deus habita dentro de nós por meio de seu Espírito, e nunca devemos nos sujeitar a nenhum outro, nem podemos menosprezar o Senhor — mesmo que isso seja feito inadvertidamente.

Para combater as táticas do inimigo, saia para a batalha em oração

Há muitos cristãos enganados pelo inimigo, pensando que não necessitam orar ou que suas orações não têm poder. Nada disso é verdadeiro. Deus nos dá livre-arbítrio e seremos julgados por aquilo que escolhermos fazer em resposta ao que ele diz. Deus exige que oremos contínua e fervorosamente. Não pense que o inimigo não conseguirá vencer algumas batalhas se você negligenciar a instrução de Deus. Satanás pode fazer isso e o fará.

QUAIS SÃO AS TÁTICAS DE MEDO USADAS PELO INIMIGO?

Podemos desfrutar paz e confiança incomparáveis quando reconhecemos que nossa habilidade de orar vem de Deus. "Não que nos consideremos capazes de fazer qualquer coisa por conta própria; nossa capacitação vem de Deus" (2Co 3.5). Oramos à medida que ele nos conduz por seu Espírito. É por isto que você deve reconhecer que o Espírito Santo está sempre em seu interior: para não permitir que o inimigo o intimide fazendo-o temer que suas orações não sejam fortes o bastante para resistir à oposição dele.

Jesus não orou para que seus seguidores fossem tirados do mundo a fim de que estivessem protegidos, mas, sim, para que Deus os livrasse "do maligno" (Jo 17.15). Ele disse: "Eles não são deste mundo, como eu também não sou. Consagra-os na verdade, que é a tua palavra" (Jo 17.16-17).

Isso quer dizer que, se você aceitou Jesus como Salvador, o poder do inimigo em sua vida foi aniquilado. Somente por meio de mentiras é que Satanás conseguirá convencê-la a duvidar da Palavra de Deus e de tudo que Jesus realizou. Caso você se apegue com firmeza ao que o Senhor lhe fala por meio da Palavra e do Espírito Santo que habita em seu interior, sempre saberá como orar e terá poder sobre o inimigo.

Deus deseja que você tenha "uma vida pura e inculpável", que brilhe "como luzes resplandecentes num mundo cheio de gente corrompida e perversa" (Fp 2.15). Isso só acontece com oração.

Você precisa saber quem é seu inimigo e quais são as intenções dele. Você precisa saber que Deus é sempre bom e que o inimigo é sempre mau. Não há necessidade de demorar o pensamento nos atos de maldade do inimigo, a menos que o Espírito Santo a torne consciente de algo pelo qual deseja que você ore. Você precisa se concentrar na bondade de Deus

O PODER DA ORAÇÃO QUE DOMINA O MEDO

e agradecer-lhe isso todos os dias. A Bíblia diz: "Sejam sábios quanto a fazer o bem e permaneçam inocentes de todo mal. Em breve o Deus da paz esmagará Satanás sob os pés de vocês" (Rm 16.19-20). Confie de todo o coração na Palavra de Deus.

Ao orar, não se esqueça de que Deus é todo-poderoso. Na cruz, Jesus destruiu o domínio dos principados e poderes do mal sobre a terra (Cl 2.15). Ele não os destruiu, mas destruiu o poder que eles têm de atormentar aqueles em quem habita o Espírito Santo.

O poder de Deus desconhece limites. O poder do inimigo é limitado. O inimigo só consegue algum poder porque as pessoas o dão a ele ao acreditar em suas mentiras.

Depois de abrir caminho para os israelitas escaparem da escravidão no Egito, todos os dias o Senhor lhes deu maná, para que comessem. No entanto, em resposta ao que Deus lhes dava, eles reclamaram, desejando aquilo que o Senhor não lhes providenciara. Mesmo diante de todos os milagres extraordinários que Deus fazia em prol deles, os israelitas ainda assim não lhe obedeciam. "Não se recordaram do seu poder, nem do dia em que ele os resgatou de seus inimigos" (Sl 78.42). Se você achar que Satanás é tão poderoso quanto Deus, acabará se tornando presa fácil dos planos que o inimigo tem para sua vida. Nossa vitória só vem quando focamos a força todo-poderosa de nosso Senhor Deus, para quem nada é impossível.

Para combater as táticas do inimigo, exerça a autoridade que você recebeu de Jesus

Quando você aceitou Jesus, tornou-se uma nova pessoa, por isso o inimigo não pode jogar o passado em sua cara. Ele não pode lhe dizer: "Veja tudo que você fez. Você não tem autoridade sobre mim". A Bíblia diz: "Todo aquele que está em Cristo se tornou nova criação. A velha vida acabou, e uma nova vida teve início!" (2Co 5.17). Diga esse versículo em voz alta e depois acrescente: "Eu sou uma nova criação. O passado se foi, e eu me tornei uma nova pessoa".

Não deixe o inimigo lhe dizer que, em sua condição de imperfeita ou falha, você não tem direito de orar e esperar que Deus responda. Tais palavras não são uma revelação de Deus para sua vida. São mensagens do inimigo de sua alma, querendo desanimá-la, menosprezá-la e destruí-la. Se você carrega algum pecado não confessado, arrependa-se dele e confesse-o a Deus. Então, agradeça ao Senhor o fato de a autoridade dele diante de sua oração não depender de sua perfeição. Ela vem por causa daquilo que Jesus realizou com perfeição na cruz, e ele é perfeito. Quando o inimigo tentar derrubar você, derrube-o com louvor e adoração ao Senhor. Ele odeia isso.

Jesus disse: "Toda a autoridade no céu e na terra me foi dada" (Mt 28.18). Ele também disse que nos deu autoridade "sobre todo o poder do inimigo" (Lc 10.19). Em razão de você ter aceitado Jesus e abrigar o Espírito no coração, suas orações têm poder em nome de Jesus. Cristo é poderoso em você porque o Espírito está em seu interior. A Bíblia diz, acerca de Jesus: "Embora ele tenha sido crucificado em fraqueza, agora vive pelo poder de Deus. Nós também somos fracos, como Cristo foi, mas, quando tratarmos com vocês, estaremos vivos com ele e teremos o poder de Deus" (2Co 13.4). Podemos nos sentir fracos, mas nada disso nos diz respeito. Jesus é o centro de tudo. Ele é poderoso e seu Espírito está dentro de nós. Já está tudo certo!

Deus tornou o nome de Jesus maior que qualquer outro nome. "Deus o elevou ao lugar de mais alta honra e lhe deu o nome que está acima de todos os nomes, para que, ao nome de Jesus, todo joelho se dobre, nos céus, na terra e debaixo da terra, e toda língua declare que Jesus Cristo é Senhor, para a glória de Deus, o Pai" (Fp 2.9-11).

Se você conseguir ancorar na mente e no coração o significado pleno de que Jesus lhe deu autoridade para usar o nome dele em oração, isso pode mudar sua vida e salvar a vida de outras pessoas por quem você ora.

O Espírito Santo em nós é a prova de nossa autoridade em oração. Paulo disse: "Ninguém pode dizer que Jesus é Senhor a não ser pelo Espírito Santo" (1Co 12.3). O Espírito Santo em nós é prova de que somos do Senhor. Por meio do Espírito, Deus nos *capacita*, nos *unge* e nos *sela*. "É Deus quem nos capacita e a vocês a permanecermos firmes em Cristo. Ele nos ungiu e nos identificou como sua propriedade ao colocar em nosso coração o selo do Espírito, a garantia de tudo que ele nos prometeu" (2Co 1.21-22).

Recebemos autoridade para resistir em oração aos poderes maus das trevas, que querem guerrear contra o reino de Deus e seu povo. A verdade é que, quando não oramos em nome de Jesus, questionamos a autoridade que ele nos deu. Cristo nos deu a chave para seu reino; contudo, não a usamos para destrancar a porta. Não permita que o inimigo a leve a questionar, nem por um segundo, a autoridade que você tem em nome de Jesus.

A Bíblia diz que Deus "nos resgatou do poder das trevas e nos trouxe para o reino de seu Filho amado, que comprou nossa liberdade e perdoou nossos pecados" (Cl 1.13-14). Em contexto de guerra, a palavra "trouxe" indica que um exército

QUAIS SÃO AS TÁTICAS DE MEDO USADAS PELO INIMIGO?

foi capturado e enviado para outro lugar — em geral, de um país para outro. Jesus nos capturou no reino das trevas e nos trouxe para seu reino de luz. Fomos transferidos para fora do território inimigo e para dentro do reino de Deus. Isso aconteceu no momento em que aceitamos Jesus.

No entanto, o plano de Deus para nós não se resume a livramento e nada mais. A Bíblia afirma que o Senhor é aquele que "nos livrou do perigo mortal, e nos livrará outra vez. Nele depositamos nossa esperança, e ele continuará a nos livrar" (2Co 1.10). *A batalha que travamos contra o inimigo por libertação é constante, por isso nossas orações devem ser constantes também.* Tenha sempre em mente que a oração é a batalha. E que temos autoridade no nome de Jesus.

Para combater as táticas do inimigo, não se afaste da verdade

Antes de aceitar o Senhor, eu buscava uma série de práticas e religiões ocultistas, na tentativa de encontrar um caminho para Deus. Uma dessas religiões falsas alegava que não existe mal no mundo, pois o mal só existiria em nossa mente. Assim, quem se livrasse de todo o mal que tivesse em sua mente, não viveria mal nenhum. Isso está totalmente errado! Esse conceito não funciona de maneira nenhuma. Isso sim é crer em uma mentira! Na época, aquela era uma religião popular em Hollywood, uma vertente que usava termos cristãos com um significado diferente do real. O próprio enganador era o autor de tal religião. Se ele conseguir nos fazer crer nessa mentira, então é capaz de realizar o que quiser em nossa vida e nos fazer pensar que o que ele faz é bom.

A Bíblia diz: "Não deixem que o mal os vença, mas vençam o mal praticando o bem" (Rm 12.21). A Palavra de Deus é boa. Portanto, proferi-la e compartilhá-la é bom. E é assim porque Deus é bom e a Bíblia é a verdade dele. Precisamos conhecer a verdade divina tão bem a ponto de reconhecer instantaneamente uma mentira do inimigo.

As Escrituras advertem: "Quem é mentiroso? Aquele que afirma que Jesus não é o Cristo. Quem nega o Pai e o Filho é o anticristo. Aquele que nega o Filho também não tem o Pai. Quem reconhece o Filho tem também o Pai" (1Jo 2.22-23). Você precisa estar absolutamente certa disso.

"Meu filho, preste atenção ao que digo; ouça bem minhas palavras. Não as perca de vista; mantenha-as no fundo do coração. Pois elas dão vida a quem as encontra e saúde a todo o corpo" (Pv 4.20-22).

Você já se perguntou como *você*, que crê em Cristo, consegue enxergar a verdade de Deus com tanta clareza enquanto outros não a veem de maneira nenhuma? Isso acontece porque, em algum momento, essas pessoas escolheram rejeitar a verdade de Deus e crer na mentira que lhes atraiu (1Tm 4.1-2). Por isso, foram entregues aos espíritos enganadores enviados pelo inimigo. Não se trata de uma condição temporária até que tais pessoas caiam em si. Trata-se de uma forte corrente da qual só é possível se livrar por meio de uma forte intervenção do libertador, exigindo um grande despertamento, arrependimento e confissão da parte de quem foi enganado.

Deus estabeleceu que tivéssemos vontade própria, e nós decidimos o que faremos ou não. Nós nos fortaleceremos em sua Palavra até que ela se torne uma arma espiritual contra o reino das trevas? Alinharemos nossa vontade com a de Deus para ver o inimigo ser afastado? Satanás quer distrair, enganar, desanimar e destruir você, a fim de que as promessas de Deus para sua vida nunca se cumpram.

Seu coração certamente desejará se distanciar das coisas de Deus; não permita isso. Todos nós somos assim. Nossa natureza é egoísta. À deriva, somos arrastados para o foco em nós mesmos e para longe da abnegação, a menos que nos concentremos de maneira deliberada em Deus todos os dias. "Precisamos prestar muita atenção às verdades que temos ouvido, para não nos desviarmos delas" (Hb 2.1).

A Palavra de Deus é viva. Logo, você pode viver nela e deixar que ela viva em você. A Palavra de Deus foi inspirada pelo Espírito Santo, e quando a lemos o Espírito a torna viva em nosso coração. Ele inspira maior entendimento em nosso espírito. Nossos olhos se abrem para uma compreensão espiritual que não tínhamos quando descrentes. A Palavra de Deus é poderosa e "mais cortante que qualquer espada de dois gumes, penetrando entre a alma e o espírito, entre a junta e a medula, e trazendo à luz até os pensamentos e desejos mais íntimos" (Hb 4.12).

A Palavra de Deus revela discrepâncias entre sua alma e seu espírito sempre que este deseja obedecer ao Senhor, mas aquela não.

Deus sabe quando estamos nos afastando da verdade e comprometendo nossa caminhada com ele. Jesus falou com seus discípulos sobre os homens maus que os perseguiriam: "Não tenham medo daqueles que os ameaçam, pois virá o dia em que tudo que está encoberto será revelado, e tudo que é secreto será divulgado" (Mt 10.26). Em outras palavras, Deus enxerga o mal que as pessoas pensam e fazem. Não podemos esconder nada do Senhor, pois ele tudo sabe e tudo vê. "Nada, em toda a criação, está escondido de Deus. Tudo está descoberto e exposto diante de seus olhos, e é a ele que prestamos contas" (Hb 4.13). Esse pensamento deve nos fazer refletir.

Para combater as táticas do inimigo, resista a ele

Às vezes, é possível que fiquemos tão sobrecarregadas por tudo que nos acontece a ponto de não enxergarmos o papel desempenhado pelo inimigo na situação em que estamos. E, caso o enxerguemos, talvez não saibamos resistir ao que Satanás está fazendo. A Bíblia diz com muita simplicidade: "Submetam-se a Deus. Resistam ao diabo, e ele fugirá de vocês" (Tg 4.7). Nós nos submetemos a Deus quando passamos tempo com ele em oração, em louvor e na Palavra, fazendo tudo que ele diz — com alegria, de todo o coração, sem transigências.

Mas como resistir ao inimigo?

Resistir ao inimigo significa andar bem perto de Deus e saber que "vindo o inimigo como uma corrente de águas, o Espírito do Senhor arvorará contra ele a sua bandeira" (Is 59.19, RC). Não dá para menosprezar isso. O Espírito do Senhor, que está em você, sabe o que fazer.

Resistir ao inimigo significa se recusar a ser tentada a se afastar das coisas de Deus. O plano do inimigo é desviar você da verdade e levá-la a cair na tentação de não obedecer ao Senhor. Ele faz isso por meio do engano. Jesus instruiu seus discípulos, com quem estava todos os dias: "Orem para que vocês não cedam à tentação" (Lc 22.40). Todos podemos ser tentados, portanto nunca devemos achar que estamos tão seguros em nós mesmos a ponto de não precisar pedir a ajuda de Deus para permanecer firmes contra a tentação. "Se vocês pensam que estão de pé, cuidem para que não caiam" (1Co 10.12).

E a Bíblia segue dizendo: "As tentações em sua vida não são diferentes daquelas que outros enfrentaram. Deus é fiel, e ele não permitirá tentações maiores do que vocês podem suportar. Quando forem tentados, ele mostrará uma saída para que consigam resistir" (1Co 10.13).

Resistir ao inimigo significa se recusar a passar tempo com pessoas que agem como o diabo. Nós vivíamos nas trevas antes de aceitar o Senhor, mas agora andamos na luz (Ef 5.8). Devemos evidenciar em qual reino queremos estar, sem participar "dos feitos inúteis do mal e da escuridão", e sim mostrando nossa reprovação e "expondo-os à luz" (Ef 5.11). Lembre-se sempre de que "nós não lutamos contra inimigos de carne e sangue, mas contra governantes e autoridades do mundo invisível, contra grandes poderes neste mundo de trevas e contra espíritos malignos nas esferas celestiais" (Ef 6.12).

Não se esqueça: "O caminho dos justos é como a primeira luz do amanhecer, que brilha cada vez mais até o dia pleno clarear. O caminho dos perversos é como a mais absoluta escuridão; nem sequer sabem o que os faz tropeçar" (Pv 4.18-19).

Na Bíblia, o fermento no pão é uma ilustração de como o pecado pode permear nossa vida se não o detivermos ou dermos fim a ele. Isso é verdade sobretudo quando passamos tempo com pessoas que fazem coisas más e não se arrependem delas. Em geral, é possível perceber quem exerce influência negativa sobre sua vida, ou sobre a vida de seus filhos ou cônjuge. Por exemplo, se você fica na companhia de gente nervosa que o incentiva a se irar também, a situação não é boa. As Escrituras alertam: "'Não pequem ao permitir que a ira os controle.' Acalmem a ira antes que o sol se ponha, pois ela cria oportunidades para o diabo" (Ef 4.26-27). Aqui, há uma conexão entre permitir que a ira se torne hábito e oferecer um

O PODER DA ORAÇÃO QUE DOMINA O MEDO

pedaço de nosso coração ao inimigo. "Feliz é aquele que suporta com paciência as provações e tentações, porque depois receberá a coroa da vida que Deus prometeu àqueles que o amam" (Tg 1.12).

Resistir ao inimigo significa lançar fora tudo aquilo que permitimos que se tornasse ídolo em nossa vida. Nenhum ídolo é alguma coisa em si mesmo (1Co 8.4). Mas os poderes demoníacos por trás dos ídolos são reais e podem nos corromper. Não devemos dar lugar a eles em nossa vida de maneira nenhuma.

Resistir ao inimigo significa transformar a adoração e o louvor a Deus em um estilo de vida. Ao ser liberto por Deus das mãos do adversário, Davi disse: "Clamei ao Senhor, que é digno de louvor, e ele me livrou de meus inimigos" (2Sm 22.4). E continuou: "Dos céus estendeu a mão e me resgatou; tirou-me de águas profundas. Livrou-me de inimigos poderosos, dos que me odiavam e eram fortes demais para mim" (2Sm 22.17-18). Ao primeiro sinal de um ataque ou de uma usurpação do inimigo, fale ou cante louvores a Deus. Adore o Senhor de todo o coração! Essa é uma das estratégias mais poderosas contra Satanás.

Para combater as táticas do inimigo, revista-se de toda a armadura de Deus

A Bíblia nos instruiu: "Vistam toda a armadura de Deus, para que possam permanecer firmes contra as estratégias do diabo" (Ef 6.11). Isso significa que existe uma armadura espiritual que podemos escolher vestir, a qual nos protegerá dos planos do mal (Ef 6.11-18). Precisamos vesti-la todos os dias. Veja a seguir um resumo do que devemos fazer com os elementos que a compõem.

Colocar o cinto da verdade (v. 14). Significa pedir a Deus que nos mantenha livres de engano. Sabemos que "o mundo inteiro está sob o controle do maligno" (1Jo 5.19). Ele promove mentiras, mas nós podemos conhecer a verdade que nos liberta.

Colocar a couraça da justiça (v. 14). A justiça de Jesus cobre seu coração, a fim de que o inimigo não possa lhe infligir uma ferida mortal. Decida todos os dias viver em obediência a Deus e peça ao Espírito Santo que o ajude a fazer isso.

Calçar os pés com a paz das boas-novas (v. 15). Os soldados sempre precisam cuidar dos pés. Você também necessita de um alicerce sólido sobre o qual possa permanecer. Jesus já preparou isso para nós. Ele nos deu uma paz inimaginável em meio a qualquer coisa que experimentarmos. O inimigo quer roubar sua paz. Você vive tranquila porque aceitou o Príncipe da paz e o Espírito da paz vive dentro de você.

Levantar o escudo da fé a fim de ter a proteção de que necessitamos (v. 16). A fé dissolve o medo e nos dá coragem. Sua fé no Deus do impossível significa que tudo lhe é possível porque você crê.

Usar o capacete da salvação que nos protege do inimigo, o qual quer nos cegar para tudo que Jesus realizou na cruz (v. 17). Jesus nos deu a salvação quando o aceitamos, mas precisamos entender por completo o que Cristo realizou por nós e quem realmente somos nele.

Empunhar a espada do Espírito, que é a Palavra de Deus (v. 17). Sem as Escrituras, é impossível vencer uma batalha espiritual. A Palavra é como espada de dois gumes em nossas mãos. Trata-se de uma arma tanto defensiva quanto ofensiva. A Bíblia é muito mais que um livro de histórias. Ela é viva e poderosa.

Orar contínua e consistentemente (v. 18). Significa orar por tudo e orar em meio aos problemas até enxergar a resposta. Seja vigilante em todos os momentos — com frequência, consistência e constância. Seu prazer é fazer a vontade de Deus, e isso agrada ao Senhor.

Não queremos ficar sem nenhuma dessas armas espirituais de proteção. É assim que nos armamos "fortemente para a batalha" (2Sm 22.40). É assim que deixamos "de lado as obras das trevas" e vestimos "a armadura da luz" (Rm 13.12). Isso é extremamente importante, e vale muito a pena estudar mais sobre a armadura de Deus.

Antes de os israelitas atravessarem o Jordão, Moisés lhes disse que derrotariam os inimigos que viessem a enfrentar na nova terra. Aconselhou: "Sejam fortes e corajosos! Não tenham medo e não se apavorem diante deles. O Senhor, seu Deus, irá adiante de vocês. Ele não os deixará nem os abandonará" (Dt 31.6). Quando permitimos que o medo nos aproxime de Deus em oração, não precisamos temer o inimigo o tempo todo. Deus vai *conosco* quando nós prosseguimos *com ele.*

Se você for atacada, lembre-se: "O Senhor é o Espírito, e onde está o Espírito do Senhor, ali há liberdade" (2Co 3.17). *Busque a presença do Senhor imediatamente.*

Caso você tenha a impressão de que sempre há algo vindo em sua direção para derrotá-la, provavelmente é o inimigo tentando desgastá-la e tirá-la do caminho que leva ao cumprimento do plano de Deus para sua vida. Lembre-se de que, a despeito de quanto as coisas fiquem ruins, o Senhor ainda é soberano. Ele sempre enxerga o propósito elevado que reservou para você e o plano que tem para a sua vida, mesmo que você não consiga percebê-los naquele momento. Não se esqueça de que você tem um inimigo que deseja roubar sua vida. Não deixe isso acontecer. Torne-se a guerreira de oração que Deus a está chamando para ser e batalhe.

– Poder da oração –

Obrigada, Jesus, porque me fizeste herdeira contigo de tudo aquilo que o Pai celestial reservou para seus filhos. Obrigada pela grande esperança que tenho em ti, por me protegeres do inimigo quando vivo à tua maneira e oro segundo a tua vontade. Obrigada porque pagaste o grande e definitivo preço para vencer a guerra contra nosso inimigo.

Senhor, ajuda-me a construir minha vida sobre a força de meu relacionamento contigo e sobre a rocha sólida da tua Palavra. Protege-me de toda mentira do inimigo, para que eu nunca me afaste de tua verdade. Revela-me toda mentira que aceitei como verdade. Ajuda-me a me afastar do mal e a nunca me esquivar da tua verdade. Sei que "ainda que um exército me cerque, meu coração não temerá" porque tu estás comigo (Sl 27.3).

Capacita-me a sempre ouvir a voz do teu Espírito Santo me conduzindo a orar e me dando poder para resistir com força ao inimigo. Mostra-me em que áreas mais necessito orar por mim mesmo, por minha família e pelas pessoas e situações que colocas em meu coração. Ajuda-me a não entender a oração como mera forma de pedir que consertes as coisas, mas, sim, como um modo de batalhar e assumir o domínio sobre as obras das trevas, conforme orientaste que fizéssemos.

Obrigada por me dares autoridade para orar em teu nome, Jesus, e por saber que ouves minhas orações e respondes a

O PODER DA ORAÇÃO QUE DOMINA O MEDO

elas segundo a tua vontade. Ajuda-me a usar a autoridade que me deste em oração a fim de fazer teu reino avançar na terra. Ensina-me como colocar a armadura espiritual que me deste a fim de que eu, meus amados e as pessoas com quem me importo sejam protegidas e estejam preparadas para qualquer plano que o inimigo tenha de nos destruir. Obrigada porque "o Senhor me livrará de todo ataque maligno e me levará em segurança para seu reino celestial" (2Tm 4.18). Livra-me "das ameaças de meus inimigos" (Sl 64.1). Em ti, Senhor, deposito minha confiança.

Em nome de Jesus, amém.

– Poder da Palavra –

Pois ele virá como uma forte correnteza,
impelida pelo sopro do SENHOR.
ISAÍAS 59.19

O Senhor é fiel; ele os fortalecerá
e os guardará do maligno.
2TESSALONICENSES 3.3

Seja bendito o Senhor, o Deus de Israel,
pois visitou e resgatou seu povo. [...]
Agora seremos salvos de nossos inimigos
e de todos que nos odeiam. [...]
Prometeu livrar-nos de nossos inimigos
para o servirmos sem medo,
em santidade e justiça, enquanto vivermos.
LUCAS 1.68,71,74-75

QUAIS SÃO AS TÁTICAS DE MEDO USADAS PELO INIMIGO?

Sei que te agradas de mim,
pois não deixaste que meus inimigos triunfassem.
SALMOS 41.11

O SENHOR é minha luz e minha salvação;
então, por que ter medo?
O SENHOR é a fortaleza de minha vida;
então, por que estremecer? [...]
Ainda que um exército me cerque,
meu coração não temerá.
SALMOS 27.1,3

9
O que supera o medo da morte?

Com vinte e poucos anos, deixei a faculdade após cursar o primeiro ano para cantar com várias bandas populares da época. Eram oportunidades que eu não poderia recusar. Juntando a experiência em todas elas, viajei para quase todos os estados dos Estados Unidos, com exceção do Alasca e vários estados da Nova Inglaterra. Também fomos para a Inglaterra, a França, a África do Sul e o Brasil. Era empolgante conhecer lugares dos quais havia apenas ouvido falar ou sobre os quais tinha lido.

Durante esses anos, eu ficava constantemente na estrada. Mas não importava quanto fosse maravilhoso cada um dos lugares visitados, eu tinha vontade de beijar o chão quando voltava para casa em Los Angeles e ficava em meu apartamento, dormindo em minha própria cama, visitava locais conhecidos e passava tempo com meus amigos. Aos poucos, ficar em casa se tornou mais importante para mim que passear em terra estrangeira.

Creio que o céu será assim. Não importa quão extraordinária nossa vida tenha sido aqui na terra ou quantas coisas amemos aqui, nós nos sentiremos como quem finalmente chegou em casa quando estivermos com o Senhor e nos encontrarmos com as pessoas que amamos e partiram antes de nós.

No céu não teremos temor, ansiedade, preocupação, pânico, doença ou dor. Sem dúvida, não haverá medo da morte ou do que o futuro nos reserva. Todos os problemas que tivemos na terra passarão, e não haverá nada a temer em nosso lar celestial.

Assim como todos nós nascemos em um tempo e um lugar específicos, também morreremos em um momento e um lugar específicos. Não temos controle nenhum sobre as situações que acometem o mundo, e embora nossas orações tenham poder, não tenho certeza se elas podem influenciar de maneira significativa nosso local, momento ou modo de morrer. Creio plenamente, porém, que vale a pena orar por esses últimos detalhes.

No entanto, de fato temos controle sobre onde acabaremos no momento em que nosso corpo morrer. Se aceitamos Jesus, nosso lar futuro será com ele no céu. Por isso, a menos que viremos as costas para Deus (nosso Criador e Pai celestial) e também para Jesus (nosso Salvador, Redentor, Provedor, Libertador, Protetor e Amigo), além de rejeitar o Espírito Santo de Deus (que é o Espírito de amor, paz, alegria, consolo, verdade e poder), é para o céu que iremos.

Estou certa de que o céu é um lugar real, e é por isso que o destaco aqui. Nós iremos para lá um dia, não só para fazer uma visita. É o destino no qual viveremos para sempre.

Jesus disse: "Ninguém pode vir a mim se o Pai, que me enviou, não o trouxer a mim; e no último dia eu o ressuscitarei" (Jo 6.44). Nosso Deus Pai nos atrai para si, e Jesus nos ressuscitará em nosso último dia na terra.

Tendo escolhido um lar final com Jesus na eternidade, podemos decidir nos preparar para fazer a transição desta vida para a próxima. Fazemos isso ao andar tão perto de Deus que o ouvimos falar ao nosso coração e o sentimos inspirar vida, força, paz e descanso em nosso ser. Com base no que tenho observado ao longo dos anos, parece que as pessoas que andam mais perto de Deus são as que sentem mais paz no momento de sua partida deste mundo. Os que se apegam com amargura à vida — a ponto de negar que podem morrer, até o momento em que isso acontece — parecem lutar mais. Essa é, claro, minha experiência limitada, mas já vi o bastante para crer que há verdade nisso.

Deus permite o sofrimento em nossa vida. Não gostamos dessa parte, mas ele a usa para nos aproximar dele. E funciona, pois, quanto mais perto de Deus nós andamos, mais paz sentimos em relação ao que acontecerá, inclusive no que diz respeito ao tempo de nossa partida. Quanto antes resolvermos essa questão com Deus — permitindo que ele leve embora nosso medo e terror, para nos dar paz em relação ao lugar onde passaremos a eternidade —, maior será a paz que sentiremos por nós mesmos e pelos queridos que ficarão para trás.

Quanto mais claramente você conseguir enxergar o céu em sua mente — o lugar que Jesus descreveu e sobre o qual outros homens da Bíblia escreveram —, mais paz sentirá quando chegar o momento de fazer essa transição.

Para ter uma ideia baseada na Palavra de Deus de como é o céu, é preciso andar todos os dias com Deus e aprender mais sobre o que Jesus realizou por você e por que fez isso. Significa ter a certeza de que o Espírito Santo de Deus que habita em você a guiará para o lar. Ele não se esquecerá de você. Não a deixará vagando. Mesmo que você perca o alvo dos padrões do Senhor e saia do rumo que ele planejou para você, o Espírito ainda assim lhe dará um caminho de volta, que se chama confissão e arrependimento. Basta dizer com o coração arrependido: "Senhor, estive nesse lugar e foi isso que fiz. Por favor, perdoa-me". E isso deve acontecer não porque Deus não sabe o que você fez e precisa descobrir. Ele já sabe. Mas quer ver se você reconhece seus erros e deseja o perdão que vem dele. Deus quer ouvi-la dizer: "Senhor, não quero viver sem ti. Desejo ser plenamente restaurada à tua companhia e andar bem perto de ti para sempre". Deus nos dá essa escolha todos os dias. Andaremos ao lado dele ou não?

Muitas pessoas que eu conhecia bem morreram de repente nos últimos anos, de forma prematura em minha opinião. Isso transmitiu com toda clareza a ideia de que nunca sabemos quando nossa vida vai terminar. Não podemos esperar até pensarmos que o fim está próximo e então nos prepararmos para encontrar o Senhor na eternidade. Precisamos ficar prontos agora — e todos os dias daqui para a frente. Agindo assim, não temos medo da morte. E isso é muito importante para o nosso bem-estar. É uma questão que precisamos resolver na mente e na alma.

Necessitamos saber a quem pertencemos e quem está conosco, tanto agora quanto para sempre. A seguir apresento uma lista de itens para você garantir que já fez o necessário no preparo para a eternidade, a fim de que não precise ter receio dela nem mais um dia.

Tenha a certeza de que seu nome está escrito no Livro da Vida do Cordeiro

Jesus já fez a parte dele na cruz, e agora você precisa fazer a sua. Você precisa aceitar a Cristo e tudo que ele realizou. "Não há salvação em nenhum outro! Não há nenhum outro nome debaixo do céu, em toda a humanidade, por meio do qual devamos ser salvos" (At 4.12). Como sei que algumas

O QUE SUPERA O MEDO DA MORTE?

pessoas que estão morrendo ou que têm um ente querido à beira da morte lerão este capítulo primeiro, preciso dizer mais uma vez. Deus enviou Jesus para sofrer as consequências por nossos pecados por meio de sua crucificação. Ele morreu em nosso lugar para que jamais precisemos nos separar de Deus. Então, Cristo ressuscitou dos mortos, como prometeu que faria, e ascendeu ao céu a fim de preparar o caminho para que estejamos com ele para sempre e tenhamos poder sobre nosso inimigo aqui na terra. O Senhor enviou seu Espírito Santo para viver em nós a fim de nos consolar, nos guiar e nos ajudar a ser mais semelhantes a ele. Nós não obtivemos a salvação por mérito. É um presente de Deus para nós. "Vocês são salvos pela graça, por meio da fé. Isso não vem de vocês; é uma dádiva de Deus. Não é uma recompensa pela prática de boas obras, para que ninguém venha a se orgulhar" (Ef 2.8-9).

Isso significa que não somos salvos porque somos pessoas boas, ou pensamos em ser bons ou porque sabemos que um dia seremos bons. Somos salvos quando reconhecemos que não podemos, por conta própria, ser o tipo de pessoa boa que Deus deseja que sejamos, quando sabemos que necessitamos do pleno perdão e da redenção que o Senhor tem para nós por intermédio de Jesus Cristo, seu Filho.

Não basta ser apenas uma pessoa boa que vai à igreja. Muita gente frequenta uma igreja cristã sem ter verdadeiramente aceitado Jesus como Senhor e Salvador. Em consequência, não têm dentro de si o Espírito Santo que auxilia, consola e guia.

"Escrevi estas coisas a vocês que creem no nome do Filho de Deus para que saibam que têm a vida eterna" (1Jo 5.13). Você necessita saber, sem sombra de dúvida, que viverá eternamente com Deus. Isso é importante demais. É algo que você precisa fazer para si mesmo e também para os outros com quem se importa. Não hesite, pois sua atitude determina onde você passará a eternidade.

Quando entrarmos no céu, estaremos na presença de Deus e o Espírito Santo nos conduzirá. Não ficaremos vagando a esmo no espaço. Estaremos ancorados em Deus por meio do Espírito Santo dentro de nós. E nosso nome está escrito no Livro da Vida do Cordeiro!

Isso é muito importante!

O apóstolo João recebeu a grande revelação de Jesus acerca do que está à frente para os cristãos. O que Cristo revelou a João está escrito em Apocalipse, o último livro da Bíblia. Nele, recebemos a garantia de que, se aceitamos a Jesus, nossos nomes "estão escritos no Livro da Vida do Cordeiro"(Ap 21.27).

Ao falar sobre o tempo do fim, João disse: "Vi os mortos, pequenos e grandes, em pé diante do trono de Deus. E foram abertos os livros, incluindo o Livro da Vida. Os mortos foram julgados segundo o que haviam feito, conforme o que estava registrado nos livros. [...] E quem não tinha o nome registrado no Livro da Vida foi lançado no lago de fogo"(Ap 20.12,15).

A Bíblia nos diz: "Não amem este mundo, nem as coisas que ele oferece, pois, quando amam o mundo, o amor do Pai não está em vocês. Porque o mundo oferece apenas o desejo intenso por prazer físico, o desejo intenso por tudo que vemos e o orgulho de nossas realizações e bens. Isso não provém do Pai, mas do mundo. E este mundo passa, e com ele tudo que as pessoas tanto desejam. Mas quem faz o que agrada a Deus vive para sempre"(1Jo 2.15-17).

Isso não significa que não podemos viver no mundo, mas, sim, que nosso maior tesouro não está no mundo e não podemos nos lançar a uma cosmovisão que desconsidera Deus. Não quer dizer que jamais cometeremos um erro ou que não andaremos longe da vontade de Deus, mas, sim, que permaneceremos intencionalmente dentro da vontade do Senhor assim que entendermos qual é ela.

Você pode vencer o medo da morte quando tiver certeza quanto ao lugar para onde vai depois de morrer.

Esteja certo de que seu nome está escrito no Livro da Vida do Cordeiro. Nós não podemos ver esse livro, mas Deus enxerga seu nome nele. Isso é relevante demais para ser negligenciado.

O mais importante a saber acerca do céu é que você estará com o Senhor para sempre, e também com seus amados que o aceitaram. Não é preciso conhecer todos os detalhes. Apenas saiba que será maravilhoso, muito além de tudo que você já imaginou. Lembre-se: você não está comprando uma casa pela qual precisará pagar pelo restante de sua vida. Você receberá de graça uma mansão que durará para sempre. Não sejamos rabugentos.

Reconheça que Jesus venceu a morte e o inferno por você

Todos irão para algum lugar quando morrerem. Alguns estarão com Deus, outros ficarão separados dele. Não é que Deus manda as pessoas para o inferno, mas, sim, que, onde Deus não está presente é um inferno. É isso que significa inferno — ausência de Deus. É lá que terminam as pessoas que o rejeitam. "Eles serão punidos com destruição eterna, separados para sempre da presença do Senhor e de seu glorioso poder" (2Ts 1.9). Não se trata de uma ameaça ou promessa, mas de uma declaração dos fatos. As pessoas cuja iniquidade não foi paga pelo Senhor sofrerão as consequências mediante separação eterna de Deus.

Jesus preparou um lugar maravilhoso para os que são seus. Nem a morte, nem o inferno são capazes de separá-los dele. Isso não é algo que possa ser desconsiderado.

Jesus disse aos discípulos que eles ficariam tristes quando ele se fosse, mas teriam a alegria de saber que o veriam de novo. Acerca de sua morte iminente, afirmou: "Eu lhes digo a verdade: vocês chorarão e se lamentarão pelo que acontecerá comigo, mas o mundo se alegrará. Ficarão tristes, mas sua tristeza se transformará em alegria. [...] Da mesma forma, agora vocês estão tristes, mas eu os verei novamente; então se alegrarão e ninguém lhes poderá tirar essa alegria" (Jo 16.20,22).

A ressurreição de Jesus provou que ele era quem dizia ser, e ele fez exatamente o que prometeu.

Certifique-se de ter um coração limpo e um espírito de retidão

É verdade que não tivemos responsabilidade nenhuma na remoção de todos os pecados de nosso histórico. Isso aconteceu quando aceitamos a Cristo. "[Ele] não nos castiga por nossos pecados, nem nos trata como merecemos. [...] De nós ele afastou nossos pecados, tanto como o Oriente está longe do Ocidente" (Sl 103.10,12). Mas, uma vez que nascemos de novo no espírito, quando pecamos novamente — ou errarmos o alvo que Deus tem para nós —, precisamos confessar a falha ao Senhor a fim de receber seu perdão. Se não fizermos isso, não receberemos tudo que Deus tem para nós nesta vida. Precisamos manter em dia essa prática, para não perdermos o tempo precioso que ele tem para nós enquanto espera que nos acertemos com ele. O Senhor não recompensa a desobediência a suas leis e seus caminhos.

Deus quer que tenhamos um coração limpo. Um coração limpo não abriga iniquidade. A iniquidade é um pecado não confessado. Portanto, não é uma mera questão de chamar Jesus de "Senhor". Também tem a ver com fazer o que ele ordena. Jesus disse: "Nem todos que me chamam: 'Senhor! Senhor!' entrarão no reino dos céus, mas apenas aqueles que, de fato, fazem a vontade de meu Pai, que está no céu. No dia do juízo, muitos me dirão: 'Senhor! Senhor! Não profetizamos em teu nome, não expulsamos demônios em teu nome e não realizamos muitos milagres em teu nome?'. Eu, porém, responderei: 'Nunca os conheci. Afastem-se de mim, vocês que desobedecem à lei!'" (Mt 7.21-23). Isso não é algo que queremos ouvir de Deus!

Deus quer que tenhamos um espírito inabalável. O espírito inabalável teme a Deus e procura viver da maneira dele. Vivemos nos caminhos do Senhor porque o amamos e confiamos que suas leis e seus caminhos são para nosso benefício, pois ele nos ama. Nosso desejo é viver em sua vontade.

Longe de Jesus, não há caminho para o céu. A vontade de Deus para a sua vida de modo geral é encontrada na Palavra do Senhor. A vontade divina para aspectos específicos de sua vida se encontram na oração e na adoração. Deus fala a seu coração nesses momentos. Peça-lhe com frequência que crie em você um coração puro e renove em seu interior um espírito inabalável. Sem isso, você jamais seguirá a vontade de Deus. Não dê lugar para a amargura, a raiva, a falta de perdão, pensamentos maus e ressentimento guardado. Você só será liberta do medo — incluindo o medo da morte — se estiver vivendo a vontade de Deus, ou pelo menos buscando por ela. Isso pode acontecer no momento em que você entregar a vida a Jesus. Enquanto houver fôlego, nunca é tarde para se acertar com Deus.

Recorde o que a Bíblia diz sobre a morte e o céu

Jesus preparou um lugar para nós que o amamos. Ele disse: "Não deixem que seu coração fique aflito. Creiam em Deus; creiam também em mim. Na casa de meu Pai há muitas moradas. Se não fosse assim, eu lhes teria dito. Vou preparar lugar para vocês e, quando tudo estiver pronto, virei buscá-los, para que estejam sempre comigo, onde eu estiver" (Jo 14.1-3).

No céu teremos descanso. "Felizes os que, de agora em diante, morrem no Senhor [...] pois descansarão de seu trabalho árduo; porque suas boas obras os acompanharão" (Ap 14.13).

Aprisionados pelo medo da morte, podemos ser impedidos de fazer o que necessitamos no momento em que necessitamos. Mas Jesus nos libertou do medo da morte. Ele nos deu vida porque "somente ao morrer, destruiria o diabo, que tinha o poder da morte. Só dessa maneira ele libertaria aqueles que durante toda a vida estiveram escravizados pelo medo da morte" (Hb 2.14-15). O medo da morte pode ser uma pedra de tropeço permanente.

Jesus consolou seus seguidores que eram perseguidos: "Não tenha medo do que está prestes a sofrer. O diabo lançará alguns de vocês na prisão a fim de prová-los, e terão aflições por dez dias. Mas, se você permanecer fiel mesmo diante da morte, eu lhe darei a coroa da vida" (Ap 2.10). Há uma grande recompensa para aqueles que são mortos especificamente por serem cristãos. A coroa da vida não é um brinde simples que recebemos por sermos fiéis até o fim. Jesus disse a seus discípulos: "Alegrem-se e exultem, porque uma grande recompensa os espera no céu. E lembrem-se de que os antigos profetas foram perseguidos da mesma forma" (Mt 5.12). Essa é uma verdade difícil de engolir. Creio que Jesus se faz presente junto àqueles que são mortos pela fé que depositam nele. Eles têm um lugar especial no céu, perto do trono de Deus.

Poucos de nós morrerão por causa da crença em Cristo. Mas o grande foco é que estaremos com ele, de uma maneira ou de outra. Jesus preparou um lugar para nós. Não precisamos ficar preocupados, temerosos, ansiosos ou cheios de pânico por não saber qual é a paleta de cor usada nesse lugar ou se gostaremos das acomodações. Estaremos na presença de Deus e desfrutaremos seu amor e descanso, sua paz e alegria. E o adoraremos para todo o sempre porque seremos eternamente gratos. A melhor coisa no jardim do Éden era a presença de Deus. A pior coisa foi a presença do inimigo. No céu, o inimigo não estará.

Tenha em mente a realidade do céu e sinta seu coração se alegrar

Quanto mais real o céu se tornar para você, mais bem preparada estará para entrar nele. Só conheceremos todos os detalhes quando estivermos lá, e não é necessário conhecê-los agora. Só precisamos conhecer Jesus, que nos reconciliou com Deus e nos deu seu Espírito. Ele sabe de tudo e cuidou das acomodações. Podemos confiar que ele fará tudo aquilo que prometeu. Jesus disse que preparou um lugar para estarmos com ele e, na verdade, isso é tudo que precisamos saber. Não necessitamos de nada mais além de viver na presença de Jesus e apreciar sua companhia para sempre.

Lembro-me do dia em que parei de temer a morte. Mesmo depois de me tornar cristã e saber o que Jesus dizia sobre a eternidade, eu ainda temia o processo de morrer. Embora tivesse resolvido o que a morte significava para mim, uma filha de Deus, ainda me sentia ansiosa em relação à hora da partida. Quando recém-convertida, eu me preocupava seriamente: "E se eu morrer e Deus não se lembrar de mim? Como chegarei ao céu se ele se esquecer de mim?". Eu havia me sentido esquecida e abandonada o suficiente para aquilo e tinha os tais pensamentos terríveis do tipo "E se...?" (lembra-se deles, comentados no capítulo 1?). Quando perguntei a Deus a respeito disso, ele me lembrou que esse esquecimento é impossível, porque o seu Espírito habita dentro de mim. Seu Espírito me conduzirá para o lar.

Leio na Bíblia: "O Senhor se importa profundamente com a morte de seus fiéis" (Sl 116.15). Amo isso! Minha morte — e a sua também — é importante para Deus. Ele se importa com essa transição tanto quanto nós. Não nos deixará vagando no limbo, e nós não ficaremos nos perguntando se ele sabe ou vê o que se passa. Isso não vai acontecer. Esse versículo me deu grande paz.

À medida que aprendi a orar sobre tudo, comecei a pensar: "Se podemos orar sobre todos os temas da vida, por que não orar sobre isso também?". Afinal, a morte é a parte mais certa e inevitável da vida. Então, passei a orar nesse sentido, por mim e pelas pessoas que amo. E faço isso até hoje.

Meu pai me deu instruções específicas acerca de sua morte. Ele queria morrer em casa. Na época, ele morava comigo e minha família. Não queria morrer em um hospital, nem em nenhum tipo de asilo ou lar para idosos. Assim, comecei a pedir exatamente isso em oração. Eu sabia que não tinha controle nenhum sobre como ele morreria, se necessitaria de internação hospitalar ou de receber cuidados específicos em um lar especial. Então clamei para que ele não precisasse de nada disso.

Depois de um tempo, papai se mudou para a casa de minha irmã, pois a família dela precisava que ele estivesse lá quando as crianças chegassem da escola. Eles viviam a poucos quilômetros de nós, então o víamos regularmente. Continuei orando por ele segundo o que havia me pedido.

No dia de sua morte, ele acordou e preparou o próprio desjejum enquanto todos os outros estavam dormindo, como fazia com frequência. Só que, dessa vez, ele voltou para a cama — algo incomum para ele — e nunca mais acordou. Morreu em paz, durante o sono, exatamente como queria. Papai tinha 93 anos. Não estava doente. Apenas frágil e cansado.

Eu já havia conversado com ele sobre aceitar Jesus e ele me garantiu que não só cria em Cristo e o havia aceitado, como também achava que qualquer um que não fazia isso era estúpido. Eu deixei claro que não suspeitava que ele fosse estúpido, só queria ter a certeza de que ele estará no céu quando eu chegar lá. Ele ficou feliz por essa preocupação. Papai era muito lúcido. No dia em que morreu, sei que deve ter se perguntado porque se sentia mal o bastante para voltar a dormir depois de tomar o café da manhã.

Vários amigos próximos e familiares travaram com bravura uma batalha contra o câncer, mas a perderam. Uma dessas pessoas, em particular, aliviou qualquer temor que eu tinha acerca do processo de morrer. Na verdade, Deus usou sua experiência para me libertar do medo da morte. Nós duas fomos amigas fiéis e companheiras de oração por décadas e orávamos acerca de tudo. Éramos muito próximas e nos conhecíamos muito bem. Não estou me referindo à minha amiga do ensino médio, pois esta morreu pouco depois de aceitar a Cristo.

Quando minha companheira de oração por décadas foi diagnosticada com câncer, meu esposo e eu orávamos todos os dias por sua recuperação. Orei muitas vezes com ela também. Mas, por fim, ela foi piorando muito rapidamente e sucumbiu à doença bem antes do que imaginávamos.

Ela estava em casa quando morreu. Eu não pude estar lá, mas ouvi de seus familiares próximos que ela de repente enfraqueceu e acabou entrando em coma, sem reagir. Quando isso aconteceu, a enfermeira que estava cuidando dela instruiu a família a chamar uma ambulância a fim de levá-la à casa de repouso o quanto antes. Horas antes disso, minha amiga já não respirava normalmente, não emitia nenhum ruído, nem abria os olhos.

Quando estavam providenciando esse telefonema em outro cômodo da casa, uma das familiares entrou no quarto para conferir como minha amiga estava. Encontrou-a sentada na cama, com os olhos bem abertos, parecendo que tinha visto algo magnífico. Sua boca esboçava um largo sorriso e sua respiração era normal. Essa pessoa da família correu para chamar os outros e ver a recuperação milagrosa, mas quando todos chegaram ao quarto instantes depois, minha amiga já havia falecido. Mas ainda tinha um sorriso de paz no rosto.

Como eu conhecia tanto ela quanto seus familiares muito bem, só o fato de ouvir essa história transformou minha atitude em relação à morte. Nos últimos instantes antes de morrer, ela sem dúvida contemplou alguma cena extraordinária. Foram anjos? Ou outros membros da família que foram estar com o Senhor antes dela? Ou foi o próprio Senhor? Ou todas as opções anteriores? Não sei, mas sei que foi glorioso.

Algo aconteceu comigo no instante em que ouvi essa história, e nada mudou nos anos que se passaram desde então.

O QUE SUPERA O MEDO DA MORTE?

Sei que minha amiga contemplou algo que ninguém mais podia enxergar e que foi real. Espero ver a mesma coisa ou algo semelhante quando partir para o Senhor. Eu espero ver Jesus. Ou os anjos magníficos. Ou meus entes queridos. Oro para que todos os meus familiares tenham a mesma visão maravilhosa quando forem ter com Cristo. Paulo, que viu o próprio Jesus, disse que os cristãos ausentes de corpo estão presentes com o Senhor (2Co 5.8). Isso me parece algo instantâneo. Não soa como se ficássemos presos em alguma estação de espera enquanto nosso futuro é pesado na balança.

Continuo a orar pedindo que, quando chegar meu momento de estar com o Senhor, a passagem seja tranquila, cheia da presença de Deus e de seu Espírito, de uma maneira tão forte que aqueles que estiverem ao meu lado sintam isso também, mesmo que não consigam ver. Acredito que não há nada a se temer quanto à morte. Ela só deve ser recebida e celebrada. É espetacular. Gloriosa. E, preciso acrescentar... celestial.

No martírio que sofreu por crer em Jesus, Estêvão foi apedrejado até a morte. Deus permitiu que Estêvão vislumbrasse para onde estava indo: "Estêvão, cheio do Espírito Santo, olhou firmemente para o céu e viu a glória de Deus, e viu Jesus em pé no lugar de honra, à direita de Deus. 'Olhem!', disse ele. 'Vejo os céus abertos e o Filho do Homem em pé no lugar de honra, à direita de Deus!'" (At 7.55-56). Que poderoso! Aquilo que estava diante dele era muito maior que as coisas que ele deixava para trás.

Em razão de termos convidado o Senhor para morar em nosso interior, andamos no Espírito. Por pedirmos a Deus que encha nossos dias com sua presença, temos seu amor, sua paz e sua alegria em nosso coração. Como o louvamos por tudo que ele faz, o adoramos por ser quem é e agradecemos a ele por compartilhar de si mesmo conosco, podemos andar em intimidade com ele, sabendo que cumprirá sua promessa de nunca nos deixar, nem nos abandonar. Jamais!

Se incluirmos a Deus em tudo que fazemos e em tudo que acontece conosco, andaremos verdadeiramente com ele em paz, e nosso relacionamento com o Senhor será tão íntimo que teremos a certeza de sua companhia quando partirmos desta terra.

Davi orou: "Mesmo quando eu andar pelo escuro vale da morte, não terei medo, pois tu estás ao meu lado. Tua vara e teu cajado me protegem" (Sl 23.4). Ele sabia que Deus estava ao seu lado. Precisamos ter essa certeza também. Peça a Deus que o liberte do medo da morte.

A fim de superar seu medo de morrer, você precisa saber em quem e no que acredita. Esse é um bom motivo para continuar aprendendo sobre Deus, sobre o que Jesus fez por você e sobre como o Espírito Santo atua em sua vida. Paulo declarou: "Não me envergonho, pois conheço aquele em quem creio e tenho certeza de que ele é capaz de guardar o que me foi confiado até o dia de sua volta" (2Tm 1.12).

Lembre-se: quanto mais você adorar a Deus na terra, mas se sentirá à vontade com as hostes celestiais adorando a ele em volta de seu trono. Será um grande reencontro, e você se sentirá em casa.

Caso você sinta medo ou pavor diante da morte de um ente querido, sobretudo se não tiver certeza do destino eterno da pessoa porque não sabe se ela conhece o Senhor, não se esqueça: "Todo aquele que invocar o nome do Senhor será salvo" (Rm 10.13). Se você já perdeu um ente querido e, até onde sabe, essa pessoa não conhecia Jesus, você não pode saber com certeza se ela invocou ou não o nome do Senhor. Pode ter acontecido logo antes da morte, quando estava prestes a sofrer um acidente ou ser destruída por uma doença. Nós não sabemos quantas pessoas pediram a Cristo que lhes desse a salvação no leito de morte. Mesmo quem está em coma é capaz de ouvir as pessoas falando perto de sua cama. O controle sobre o corpo acaba, mas ainda é possível pensar. Não temos como saber se tais indivíduos estão pensando: "Jesus, salva-me. Perdoa-me. Leva-me para o lar contigo". Jesus já fez todo o necessário para a salvação. As pessoas só precisam abrir o coração e aceitá-lo.

"Todo aquele que invocar o nome do Senhor será salvo" — é simples e claro. Há grande consolo para aqueles de nós que perderam entes queridos sem saber se eles estão salvos. Você não sabe ao certo se verá ou não seu familiar no céu. É preciso esperar chegar lá para descobrir. Só Deus sabe com certeza. Mas você pode ter esperança e paz enquanto isso não acontece. É por esse motivo que digo: continuemos orando para que aqueles de nosso convívio aceitem Jesus. Tenho alguns parentes por quem oro sempre. Meu pedido é: "Não permitas que eles morram sem te conhecer, Senhor". Creio que ele atenderá essa oração.

Não tenha medo do fim dos tempos

Os detalhes do fim dos tempos relatados em Apocalipse são assustadores. O que mais assombra as pessoas é como conseguirão sobreviver e de que maneira podem acabar morrendo. Ninguém quer passar por tudo aquilo que está descrito na Bíblia. Muitos de nós que cremos em Cristo percebemos que o tempo do fim se aproxima a cada dia. Observamos as nações se posicionando umas contra as outras. Vemos a possibilidade de colapso financeiro porque líderes incrédulos tomaram decisões horríveis, desprovidas de sabedoria, que ocasionaram a situação atual. Percebemos que o anticristo subirá ao poder em meio ao caos e ao tumulto financeiro, pois as pessoas sábias aos olhos do mundo o colocarão no topo. Mas quem tiver a sabedoria divina entenderá o que está prestes a vir.

Para entender melhor o que vai acontecer, você precisa ler Apocalipse, o último livro da Bíblia, que descreve eventos futuros terríveis. Mas o texto também conta as coisas grandiosas que aguardam os filhos de Deus.

Jesus disse a seus seguidores fiéis: "Porque obedeceu à minha ordem para perseverar, eu o protegerei do grande tempo de provação que virá sobre todo o mundo para pôr à prova os habitantes da terra. Venho em breve. Apegue-se ao que você tem, para que ninguém tome sua coroa" (Ap 3.10-11). Jesus impedirá que aqueles que o amam e guardam seus mandamentos passem pelo pior que está por vir. Eu acredito nele.

Jesus também falou: "Preste atenção! Estou à porta e bato. Se você ouvir minha voz e abrir a porta, entrarei e, juntos, faremos uma refeição, como amigos. O vitorioso se sentará comigo em meu trono, assim como eu fui vitorioso e me sentei com meu Pai em seu trono" (Ap 3.20-21).

O período de tribulação corresponde à época conturbada e repleta de aflições que levará ao arrebatamento e ao retorno de Cristo. A Bíblia afirma o seguinte sobre aqueles que saírem da tribulação: "São aqueles que vieram da grande tribulação. Lavaram e branquearam suas vestes no sangue do Cordeiro. Por isso estão diante do trono de Deus e dia e noite o servem em seu templo. E aquele que se senta no trono lhes dará abrigo.

O QUE SUPERA O MEDO DA MORTE?

Nunca mais terão fome, nem sede, e o calor do sol nunca mais os queimará. Pois o Cordeiro que está no centro do trono será seu Pastor. Ele os guiará às fontes de água viva, e Deus enxugará de seus olhos toda lágrima" (Ap 7.14-17). Que promessa maravilhosa para todos nós!

Muita gente será enganada porque não teme a Deus. Podemos ver isso acontecendo agora! Há pessoas em quem identificamos o espírito do anticristo. "Então ouvi uma forte voz que bradava pelos céus: 'Finalmente chegaram a salvação, o poder, o reino de nosso Deus e a autoridade de seu Cristo. Porque foi lançado para a terra o acusador de nossos irmãos, aquele que dia e noite os acusa diante de nosso Deus. Eles o derrotaram pelo sangue do Cordeiro e pelo testemunho deles. Não amaram a própria vida nem mesmo diante da morte'" (Ap 12.10-11). Os cristãos amam tanto a Jesus que não temem a morte.

Cristo declarou: "Eu virei inesperadamente, como ladrão! Feliz é aquele que me espera alerta e mantém puras suas vestes, para que não precise andar nu e envergonhado" (Ap 16.15). Precisamos permanecer firmes com o Senhor e ser vigilantes em oração e na sua Palavra, para que não saiamos do caminho que Deus preparou para nós e estejamos sempre onde devemos estar, fazendo o que precisamos fazer.

Haverá um grande terremoto, pior que qualquer um visto na terra (Ap 16.18). Mas não acredito que os crentes em Cristo hoje passarão por isso. Não dá nem para começar a explicar neste curto espaço qual é minha crença a esse respeito e por que creio assim. Mas não deixe de ler Apocalipse por si mesma — não apenas uma vez, mas várias — e decida no que vai acreditar. Creio que nós que amamos e seguimos o Senhor e servimos a ele não sofreremos o pior do que está por vir, por causa do grande amor e da misericórdia infinita que ele tem por nós. Iremos ter com ele antes dos juízos finais. Nesse meio-tempo, ele nos protegerá e sustentará. Tudo que sei é que, quando chegar minha hora de ir morar com ele no céu, eu irei. E você também. E ele estará conosco o tempo inteiro.

Não tema o que está por vir. O Apocalipse não diz respeito ao momento em que essas coisas acontecerão, mas, sim, ao que você e eu precisamos fazer a fim de nos preparar para o céu. Não precisamos identificar uma data precisa. Necessitamos andar com fé em Deus, em pureza de corpo, alma e mente. E em amor a Deus, ao nosso Senhor e Salvador Jesus e ao precioso Espírito Santo. *Recuse-se a ter medo. Deus está sempre ao seu lado. Você pode confiar nele quanto a isso.*

Não se esqueça de que este mundo é passageiro e não permanecerá para sempre. Nossa vida neste planeta é estressante e cheia de distrações. Devemos fazer nosso melhor para nos focarmos no Senhor e em nossa caminhada com ele. Jesus disse: "Quem ouve minha mensagem e crê naquele que me enviou tem a vida eterna. Jamais será condenado, mas já passou da morte para a vida" (Jo 5.24).

A melhor notícia é que, se o Espírito daquele que ressuscitou Jesus dos mortos habita em você, então é certo que ele o ressuscitará também (Rm 8.11). Deus nos levantará para viver com ele para sempre quando morrermos. Que esperança imensa e preciosa isso é para nós! Não tema o fim dos tempos. Confie naquele que é capaz de ressuscitá-la dos mortos para viver eternamente no céu com ele.

– Poder da oração –

Senhor, peço que me prepares para estar contigo um dia no céu. Remove todo medo que sinto a esse respeito. Oro para não enfrentar uma morte terrível, trágica, dolorosa e sofrida. Peço que possa morrer em paz, cercado por familiares e amigos amorosos. Conduze-me à tua presença de maneira que os outros contemplem tua glória e bondade. Sei que "deixar este corpo terreno" (2Co 5.8) significa estar contigo. Aguardo ansiosa para estar em tua presença para sempre.

Obrigada porque eu te aceitei como Senhor e isso significa que meu nome está escrito no Livro da Vida do Cordeiro. Peço que isso também seja verdade na vida de meus familiares. Oro para que nenhum deles morra sem te conhecer. Nesse meio-tempo, ajuda-me a viver da maneira que planejaste para mim, de tal modo que eu esteja bem preparada para estar contigo no céu. Quero te ouvir dizer: "Bem está, serva boa e fiel". Só tu podes me capacitar a viver assim.

Peço que, nos momentos anteriores à minha morte, eu tenha uma visão gloriosa de ti, Jesus, ou dos anjos que enviares para me conduzir à tua presença. Usa-me para mostrar aos outros que estiverem comigo que não há nada para ser temido na morte, que ela não passa de um novo começo glorioso contigo, com os fiéis e os santos que partiram antes de nós para estar em tua presença.

Em nome de Jesus, amém.

– Poder da Palavra –

Quanto a mim, Deus resgatará minha vida
e me livrará do poder da sepultura.
Salmos 49.15

Portanto, temos sempre confiança,
apesar de sabermos que, enquanto vivemos neste corpo,

não estamos em nosso lar com o Senhor.
Porque vivemos por fé, e não pelo que vemos.
Sim, temos confiança absoluta e preferíamos
deixar este corpo terreno,
pois então estaríamos em nosso lar com o Senhor.
2Coríntios 5.6-8

Se vivemos, é para honrar o Senhor.
E, se morremos, é para honrar o Senhor.
Portanto, quer vivamos, quer morramos, pertencemos ao Senhor.
Romanos 14.8

Se o Espírito de Deus que ressuscitou Jesus
dos mortos habita em vocês,
o Deus que ressuscitou Cristo Jesus dos mortos
dará vida a seu corpo mortal,
por meio desse mesmo Espírito que habita em vocês.
Romanos 8.11

Apeguemo-nos firmemente, sem vacilar,
à esperança que professamos,
porque Deus é fiel para cumprir sua promessa.
Hebreus 10.23

10

O que pode nos impedir de temer o futuro?

Além de ouvir diversas pessoas do mundo inteiro falarem abertamente sobre o medo que assola o país em que vivem, escuto muita gente, nos diversos lugares para onde vou, me dizendo coisas como: "Tenho medo do que está acontecendo no mundo", "Tenho medo do mal que vejo por aí", "Tenho medo da raiva e do ódio que transparecem nas ações de muitos", "Tenho medo de meus filhos não estarem seguros na escola", "Tenho medo de sofrer um acidente ou contrair uma doença terrível", "Tenho medo de morrer com um ataque cardíaco e não estar aqui para cuidar de minha família", "Tenho medo de ir a lugares públicos", "Tenho medo de andar de avião", "Tenho medo de perder tudo que tenho", "Tenho medo de qual será o diagnóstico médico", "Tenho medo de falhar naquilo que faço", "Tenho medo de que algo ruim aconteça com a minha família". Algumas pessoas chegam a dizer: "Tenho medo de tudo!" (lembra-se da pantofobia citada no primeiro capítulo?).

No entanto, o medo sobre o qual mais escuto hoje é: "Tenho medo do futuro", "Tenho medo do que o futuro trará", "Tenho medo de como será o futuro para meus filhos", "Não tenho filhos porque tenho medo do que poderiam enfrentar no futuro". Isso diz tudo. Se temos tanto medo do futuro e de como as coisas serão para nós, nossos filhos, netos, familiares e amigos, é possível ter um futuro que vale a pena ser vivido?

Para ter um futuro bom e bem-sucedido, precisamos abrir mão do passado e caminhar com Deus hoje. Precisamos transformar cada temor em relação ao futuro em um chamado específico para orar acerca desse motivo. Por exemplo, se você teme pela segurança de seus filhos na escola, ore com poder e fervor por essa escola. Encontre mais um pai, dois, cinco ou dez e se reúnam uma vez por semana ou a cada quinze dias a fim de orar a esse respeito. Ore pelos professores e funcionários da escola. Peça que nenhum mal entre na escola e, caso já esteja ali, que Deus o exponha e o elimine pela raiz. Ore pedindo que nenhuma arma apontada contra qualquer aluno, professor ou funcionário prospere. Coloque um muro protetor de oração em volta de todas as crianças e da escola inteira. Diga a Deus que você deseja trocar seu medo pela paz que vem dele. O Senhor fará isso por você.

Precisamos nos erguer acima de todo e qualquer medo debilitante que sentimos em relação ao futuro, porque esse sentimento nos faz correr de tudo aquilo que Deus preparou para nós. Ademais, isso agrada o inimigo das almas, que sempre tenta nos privar de nosso futuro. Ele quer controlar nosso futuro para que façamos sua vontade. Deus afirma que nos deu um bom futuro. A seguir, trataremos de coisas que podemos fazer a fim de frustrar qualquer tentativa de tirar nossa paz quanto ao futuro.

Rejeite o espírito de autocomiseração

Não podemos nos dirigir com sucesso rumo ao futuro que Deus tem para nós se a autocomiseração estiver nos prendendo ao passado. Autocomiseração significa sentir pena de si mesmo. Sentir pena de si é pecado, porque isso quer dizer que não acreditamos que Deus é capaz de mudar nossa situação ou cuidar de nossos problemas. Não achamos que ele é bom o bastante. Autocomiseração é, ao mesmo tempo, preocupação e dúvida. A dúvida diz: "Não acredito no que Deus disse". A autocomiseração lamenta: "Pobre de mim! Deus não me ama o suficiente para me ajudar nesta situação". A dúvida é o contrário da fé. Tudo que não vem da fé é pecado. É isso que a Bíblia diz.

Achamos que, porque coisas negativas aconteceram conosco no passado, a situação sempre será assim. Pensamos: "Sempre serei magoada pelos outros. Sempre serei destratada. Sempre fracassarei. Sempre vou perder".

É difícil reconhecer a autocomiseração porque ela pode se manifestar bem cedo em nossa vida, quando passamos por situações negativas como rejeição, tristeza, trauma, traição ou abuso. Se não tivermos o Senhor bem perto, ajudando-nos a lidar com os problemas ou a nos recuperar, ou se não tivermos um conselheiro temente a Deus, alguém que nos conduza no processo de cura, é fácil assumir um espírito de autocomiseração sem nem mesmo perceber.

Saiba que não estou julgando ninguém por ter um espírito de autocomiseração, pois eu mesma já passei por isso. Mas o menciono aqui porque se trata de uma artimanha do inimigo para nos manter para baixo, incapazes de nos erguer. Enquanto tivermos esse forte peso sobre os ombros, não conseguiremos voar rumo ao futuro e ao propósito que Deus tem para nós. E eu me lembro com clareza do dia em que reconheci essa característica em mim.

Pouco depois de me casar com Michael, eu fui liberta, no consultório de um terapeuta cristão, da depressão paralisante e da ansiedade que sentia. Nessa mesma época, uma amiga da igreja, que participava de um de meus grupos de oração, contou-me que, anos antes, ela havia sido liberta do espírito de autocomiseração. Reconheci que as épocas da vida em que ela poderia ter sucumbido a esses sentimentos se deviam às tragédias pelas quais passara. E, sem dúvida, entendi por que ela queria se livrar daquilo. Mas nunca me identifiquei com nada do que ela dizia. Nem um pouco. Eu jamais fiquei parada sentindo pena de mim mesma. Sempre concentrei todos os meus esforços em me afastar do passado o mais rápido que pudesse. Mas, à medida que ela me explicou como a libertação da autocomiseração havia mudado drasticamente sua vida para melhor, fiquei intrigada. Pensei em como ela era corajosa por admitir isso!

Certo dia, fui depreciada em público por uma pessoa que deu crédito a outro pelo trabalho que eu havia feito. Imediatamente, todos os velhos e bem conhecidos pensamentos negativos começaram a inundar minha mente. "Você nunca será apreciada", "Você não é importante o suficiente ou digna de ser tratada com justiça por ninguém", "Você não é boa o bastante e nunca será". Logo desci para uma condição de tristeza e depressão. Senti vontade de chorar, mas precisei segurar as lágrimas porque... Bem, eu estava em público.

Orei em silêncio: "Senhor, por quanto tempo permitirei que o que as pessoas dizem e fazem me afete dessa maneira?". E, no mesmo instante, Deus me mostrou que eu estava nutrindo um espírito de autocomiseração. Eu cria nas mentiras promovidas pelo inimigo de minha alma, que me fazia pensar: "Pobre de mim! Sou tão falha e nada jamais mudará isso!", "Pobre de mim! Ninguém me ama o bastante para me defender", "Pobre de mim! Sempre serei colocada para baixo",

"Pobre de mim! Sempre sou rejeitada porque é isso que mereço", "Pobre de mim! Não sou amada porque não sou digna de receber amor", "Pobre de mim! Sempre estou tão triste e nunca feliz", "Pobre de mim! Estou destinada a atrair continuamente pessoas abusivas", "Pobre de mim! Nunca conseguirei me destacar", "Pobre de mim! Jamais receberei respostas às minhas orações", "Pobre de mim! Sempre há coisas dando errado em minha vida", "Pobre de mim! Deus ama a todos mais do que a mim", "Pobre de mim! Estou destinada a fracassar sempre", "Pobre de mim! Sou derrotada em tudo", "Pobre de mim! Pobre de mim! Pobre de mim!".

Percebi que eu estava aceitando esses pensamentos negativos como se fossem uma revelação de Deus para minha vida. Era assim que me sentia a qualquer sinal de rejeição ou destrato. Era um antigo sentimento que tomava conta de mim como um manto opressor que impunha tristeza e lamento. Não vinha de Deus. Era um conhecido espírito do inimigo que me controlava. Era o medo de jamais ser amada e aceita. E estava comigo havia tanto tempo que eu achava que as coisas eram naturalmente daquele jeito.

No dia em que reconheci tudo isso, disse: "Chega! Não permitirei mais a presença desse espírito familiar que me leva a pensar: 'Pobre de mim! Ninguém jamais me amará, apreciará, entenderá ou verá. Sempre serei rejeitada, abusada, destratada, não apreciada, nem amada'. E não me afundarei mais em tristeza depressiva. Acabou tudo isso para mim! Resisto às mentiras do inimigo e só confiarei na verdade de Deus e em sua Palavra".

A partir de então, passei a conseguir identificar esse espírito familiar de imediato e a resistir a ele proclamando a verdade da Palavra de Deus. Recusei-me a permitir que essas mentiras me mantivessem na condição de vítima. Toda vez que isso acontecia, eu dizia: "Estou livre em Cristo. Ele me curou dos pensamentos negativos. Não tocarei de novo a velha fita do passado, que gira em círculos repetitivos dentro de minha mente".

Então, eu exaltava a Deus pelo claro discernimento: "Louvado sejas tu, Senhor, porque és o caminho, a verdade e a vida. Obrigada porque restauraste a minha alma e me fizeste plena. Não temerei aquilo que o ser humano pode fazer comigo. Adorarei e reverenciarei somente a ti, pois tu és a minha vida. Desejo viver em teus caminhos. Recuso-me a ouvir o engano e as mentiras do inimigo. Escolho aceitar apenas a tua verdade. Tu me aceitas. Tu morreste por mim. Tu me redimiste do abismo infernal no qual eu permanecia. Tu me restauraste. Tu continuarás a me livrar. Rejeito os velhos sentimentos de rejeição e autocomiseração. Confesso-os como pecado contra ti. Reconheço que eles expressam dúvida quanto ao teu amor e teu cuidado comigo, como se tu não fosses suficiente para mim. Perdoa-me por crer em mentiras, em vez de acreditar naquilo que tu dizes a meu respeito. Obrigada por me mostrares a verdade". Comecei a fazer isso toda vez que percebia que aqueles antigos sentimentos me sobrevinham, até que o espírito de autocomiseração foi embora por completo.

Sentir pena de si mesmo é pecado porque é um sinal de que duvidamos da bondade de Deus para conosco.

A lista do "Pobre de mim!" é infinita. A autocomiseração é uma atitude que facilmente toma conta de nós sem que a percebamos como algo contrário a tudo que Deus tem para nós. De fato, ela se opõe ao plano do Senhor para nossa vida. Deus quer que esqueçamos o passado e prossigamos junto com ele rumo ao futuro que nos reserva. Não dá para fazer isso enquanto arrastamos conosco a lista do "Pobre de mim!".

O inimigo só tem poder em nossa vida se o dermos a ele.

Peça a Deus que lhe mostre caso você caia no mau hábito da autocomiseração. Se isso acontecer, em vez de acreditar nas mentiras do inimigo, declare a verdade de Deus. Não diga: "Pobre de mim! Eu deveria ter mais, ser mais bem tratado e não precisar passar por isso". Em vez dessas coisas, fale: "Obrigada, Senhor, porque me amas. Tu me aceitas e provês tudo de que necessito. Sei que sempre o farás".

Não diga: "Pobre de mim! Nada do que eu faço dá certo. Eu sempre fracasso". Em vez disso, fale: "Posso todas as coisas em Cristo, que me fortalece. Sou destinada em última instância ao sucesso porque o Espírito de Deus habita dentro de mim e me conduz. Ele nunca falha".

Não se permita ser vítima do diabo. Não estou dizendo que nada de mau ou difícil jamais acontecerá com você, mas não viva no papel de vítima, como se Deus não fosse maior do que aquilo que você está enfrentando. Você pode ter vivido como vítima no passado ou, quem sabe, essa seja sua condição hoje, mas não deixe que esse seja seu futuro. Se o fizer, será um futuro cheio de medo, raiva, ressentimento, ódio e inveja. E quem quer viver dessa maneira?

Viver como vítima é um plano do inimigo de sua alma. A vontade do Senhor para você envolve libertação e restauração. Não limite Deus, dando ouvidos ao velho disco que proclama as mentiras do inimigo. E não ouça pessoas que querem manter você para baixo ao tocar a música do "Pobre de mim!", a fim de impedi-la de se erguer acima das circunstâncias. Deus não pensa: "Pobrezinha! Que vítima!" quando olha para você. Ele pensa em quanto deseja abençoá-la e nas muitas coisas

O PODER DA ORAÇÃO QUE DOMINA O MEDO

além que tem para você. Diga: "Não! Eu recuso as mentiras do inimigo. Daqui para a frente, vou crer no que Deus diz a meu respeito".

Decida em que vai crer e mantenha-se firme

Nosso futuro é determinado por aquilo em que cremos. Deus pede que vivamos pela fé nele e em sua Palavra. Se acontece algo que ameaça minha segurança ou bem-estar e eu começo a me inquietar e preocupar, em vez de ir a Deus e agradecer por ele ser o Senhor da minha vida, meu protetor e provedor, isso mostra que eu não vivo com fé. Revela que tenho dúvidas graves quanto a Deus ser, de fato, mais poderoso do que qualquer problema que eu enfrente.

Decida em que você vai crer:

Ou Jesus é quem ele disse ser, ou não.

Ou Jesus falou a verdade, ou não.

Ou a Palavra de Deus é verdadeira, ou não é.

Se você respondeu: "Ele é", "Ele falou" e "Ela é", então não permita que tais crenças vacilem. Profira-as em voz alta sempre que a dúvida em relação a essas verdades começarem a se infiltrar em seu pensamento: "Estou seguindo a Jesus Cristo. Atrás não volto nunca mais".

Aquilo que decidimos não determina se algo é verdadeiro ou não. Por exemplo, se você resolver que Jesus não é quem disse ser, isso não se torna realidade. Jesus continua a ser quem ele afirmou, mas, pelo fato de você tê-lo rejeitado, a realidade de quem ele é não afetará sua vida de forma gloriosa e transformadora.

Se não confiar na Palavra de Deus — que contém a verdade e as promessas que Jesus proferiu, fala do amor de Deus por você e a ensina a depender de seus caminhos —, você sempre terá medo de que Deus não venha livrá-la. Vez após vez, no Antigo e no Novo Testamento, são apresentados ótimos exemplos de Deus cumprindo suas promessas a seu povo, fossem elas boas por causa de sua fé, humildade e obediência, ou más por causa da dúvida, do orgulho e da desobediência.

Deus não quer que sempre fiquemos pensando no pior cenário possível para nossa vida. Ele deseja que leiamos sua Palavra, oremos a ele e permaneçamos firmes em suas promessas, para que possamos ter a expectativa de que o melhor ainda está por vir.

Deus se importa com cada aspecto de nossa vida: físico, mental, emocional e espiritual. Ele se importa com nossas necessidades básicas. Jesus disse: "Por isso eu lhes digo que não se preocupem com a vida diária, se terão o suficiente para comer, beber ou vestir. A vida não é mais que comida, e o corpo não é mais que roupa?" (Mt 6.25). *Deus também se importa com a qualidade e a duração de nossa vida: passado, presente e futuro.* Em relação a tudo que nos diz respeito, ele diz: "Não fiquem ansiosos", "Não se preocupem", "Não sintam medo".

Todos queremos ter certo grau de controle sobre o que acontece conosco e com a nossa família. Deus sabe disso. Por esse motivo, ele nos deu sua Palavra, a oração, o louvor e a adoração, a fim de que desenvolvamos um relacionamento íntimo com ele. Quando convidamos Deus para ser Senhor de nossa vida e sujeitamos tudo a ele em oração, controlamos a decisão de colocar Deus no controle. Nós decidimos. Nós escolhemos. Essa é a única maneira de impedir que nossa vida saia do controle.

A preocupação significa que não houve verdadeira entrega de uma pessoa ou situação a Deus. Isso não quer dizer que você não tenha fé. Não quer dizer que não foi salva. Não quer dizer que vai para o inferno. Significa apenas que você precisa se aproximar mais de Deus — por meio da oração, do louvor, da adoração e do estudo de sua Palavra. Peça ao Senhor que lhe dê sua paz pelo poder de seu Espírito de amor. Recuse-se a viver como se Deus não existisse. Recuse-se a nutrir pensamentos negativos, como se Jesus não tivesse morrido por você e o Espírito Santo de Deus não habitasse em seu interior. Recuse-se a viver como se não tivesse esperança. Deus diz que quer que você espere nele.

Determine hoje qual será seu futuro

Nossa maneira de caminhar com Deus hoje determina qual será nosso futuro. Quando andamos à própria maneira — sem Deus —, saímos do rumo que necessitamos trilhar. Andar com o Senhor e nos aproximar dele a cada dia nos mantém no caminho certo para onde precisamos ir.

Se você anda com Deus, pode deixar de viver amedrontada, sem saber se é bom, aceitável e inteligente o bastante ou se está destinada ao fracasso, à rejeição e à humilhação. Se você vive com esse receio, sua tarefa é parar de dar ouvido a tais mentiras! Esses temores são plantados e alimentados pelo inimigo de sua alma, com a intenção de torturá-la e colocá-la para baixo. Estão em oposição direta àquilo que Deus diz a seu respeito. O Senhor afirma que você é *boa*, *aceitável* e *amada* porque vê a justiça e a beleza quando olha em sua direção. Ele vê o Espírito Santo em seu interior, capacitando-a a se tornar tudo que pretendeu que você fosse. Ele lhe deu a mente de Cristo e a dotou de sabedoria e conhecimento porque você confiou nele e o reverenciou em seu coração. E outras pessoas enxergarão isso também, mesmo que não saibam de que se trata.

O QUE PODE NOS IMPEDIR DE TEMER O FUTURO?

Temer o futuro é tortura. Você não precisa viver dessa maneira. Não é necessário temer o futuro ou notícias ruins quando elas chegarem. Você pode correr para Deus e se esconder nele. A Bíblia diz o seguinte sobre quem crê no único Deus verdadeiro: "Ele não será abalado; sua lembrança durará por muito tempo. Não teme más notícias; confia plenamente no cuidado do Senhor" (Sl 112.6-7).

Quando estiver com medo do futuro, diga: "Deus está comigo. Ele nunca me deixará, nem me abandonará. Seu espírito está em mim, dando-me paz, orientação e alegria mesmo em tempos difíceis". Ainda que aconteçam coisas ruins com você e ao seu redor, situações que não consegue entender, lembre-se de que Deus compartilha sua presença com você à medida que você entrega sua vida a ele em oração, louvor, adoração e fé na Palavra.

Lembre-se: o futuro é determinado pelos passos que você dá hoje.

Cinco coisas das quais se lembrar ao pensar no futuro

1. Lembre-se de que o Espírito de Deus sempre está dentro de você. É por meio da presença do Espírito Santo em seu interior que Jesus nunca a deixará, nem abandonará. Por isso, quando o tempo e a situação ao seu redor se tornarem escuros e você sentir medo, lembre-se de que você sempre tem a luz do mundo dentro de si, a despeito do que esteja acontecendo. Não estou dizendo que você nunca terá medo. Só estou explicando que o Senhor não quer que você *viva* dessa maneira. Ao primeiro sinal de medo, *corra para Deus*, sabendo que seu Espírito lhe proverá acesso direto ao Pai celestial.

2. Lembre-se de que Deus lhe deu um cérebro e a ensinou a usá-lo. Depender de Deus e ouvir as orientações dele não significa que você jamais precisará usar o cérebro novamente. O Senhor lhe dá sabedoria divina, entendimento, revelação e uma mente sensata. Também lhe dá escolha. Sua mente recebe o que ele dá. A partir daí, sua vontade e seu cérebro tomam as decisões. Deus quer que seu cérebro e sua vontade sejam sujeitados a ele.

Isso não significa que você deve permitir o abuso contra si mesma ou contra um membro da família. Lembra-se do que eu disse sobre o medo positivo? Se você ou sua família estiverem em perigo, pergunte a Deus o que deve ser feito. Será preciso deixar a situação, o lugar, o bairro, uma pessoa (ou mais)? Caso um membro da família a esteja colocando em perigo, não permita que esse indivíduo faça nada que cause dano a você ou a seus filhos. Procure ajuda. Saia do perigo. Seu futuro depende disso.

Muitas vezes, esperamos que Deus reconheça nossa situação assustadora; enquanto isso ele espera que nós o reconheçamos e o convidemos para agir poderosamente nessa situação.

3. Lembre-se de que Deus quer que você pergunte a ele sobre o futuro. Deus planejou, em última instância, um futuro melhor que qualquer coisa que você já viu, ouviu, pensou ou até mesmo esperou para si. O Senhor não lhe dá necessariamente detalhes específicos ou um cronograma sobre o futuro, mas lhe proporciona o que você precisa saber no momento em que precisa saber. Você, porém, deve buscá-lo. Deus sempre lhe dará a certeza de que o futuro está nas mãos dele. Você deve orar e pedir que ele a guie nessa direção.

Sempre é sábio pensar no futuro e avaliar para onde estamos nos indo. A Bíblia diz que Jerusalém foi destruída porque "não pensou nas consequências. Agora está caída no chão, e não há quem a levante" (Lm 1.9). Isso não quer dizer que as pessoas se esqueceram de pensar no futuro. Significa que agiram mal, sem pensar no que Deus lhes dissera acerca das consequências que enfrentariam caso não se arrependessem — e continuaram a viver dessa maneira.

Muitas pessoas vivem dia após dia sem pensar muito no que acontecerá com seu futuro caso mantenham as próprias atitudes. Não ponderam as consequências de seu estilo de vida. Os habitantes de Jerusalém que não refletiam no futuro também desconsideravam Deus. Não andavam com o Senhor e, por isso, ignoravam as consequências que logo lhes sobreviriam. Devo acrescentar que Deus deixou claro diversas vezes quais eram essas consequências. Diga ao Senhor o que você teme quanto ao futuro e peça-lhe que a guie e a oriente passo a passo a cada dia. Declare que Deus é seu futuro e que você crê em tudo que ele diz na Palavra quanto à sua vida e ao futuro que ele tem para você.

4. Ao fazer planos, lembre-se de não deixar Deus de fora. Deus deve ser consultado em todos os seus planos, a fim de que estejam perfeitamente alinhados com os dele. Não devemos estabelecer um projeto para nossa vida e só depois pedir a Deus que o abençoe. Em vez disso, primeiro devemos perguntar ao Senhor quais são seus planos para nós e, então, pedir a ele que nos conduza à medida que prosseguimos ao lado dele diariamente.

Todos fazemos planos acerca de qual será nossa próxima refeição, onde vamos morar, o que precisamos fazer para viver com segurança e tomar conta de nossos filhos e familiares. Deus quer que façamos planos, mas não deseja que isso ocorra sem que o consultemos primeiro. "É da natureza humana fazer planos, mas é o Senhor quem dirige nossos passos" (Pv 16.9). Deus não quer que presumamos muita coisa antes de ir conversar com ele. Além disso, se analisarmos o futuro a longo prazo, podemos ficar com medo de tudo que poderia ou não acontecer, e isso nos deixará mais temerosos ainda.

Traga todo temor e toda preocupação a Deus. Ore até sentir paz sobre o assunto. Se não sentir paz, continue a orar. Depois que tiver paz, deixe a questão nas mãos do Senhor, para que você consiga descansar à noite.

5. *Lembre-se de que Deus nunca fica sobrecarregado.* Embora possamos nos sentir sobrecarregados ao vislumbrar o futuro, com Deus não é assim. Podemos entrar em pânico acerca do que o amanhã trará, mas o Senhor não sente pânico nenhum. Ele está no controle. Qualquer medo que lhe sobrevenha deve ser entregue a Deus em oração. O Senhor a capacitará a abrir mão da preocupação e a confiar mais nele. É assim que você o coloca de volta no controle de sua vida e permite que ele mande embora o medo. O sentimento de sobrecarga significa que em sua vida há algo que você ainda não confiou a Deus.

O que seria um bom futuro, afinal?

Há muita gente cultivando ideias próprias acerca do que seria um bom futuro. Alguns acham que é ser rico, famoso, bem-sucedido e admirado, mas poucos conseguiriam lidar com tudo isso sem se tornar orgulhosos e independentes de Deus. Compram os argumentos oferecidos pelo mundo, mas eles não cumprem o que promete. É por isso que Deus normalmente espera até obtermos uma visão clara do que significa um futuro realmente bom.

Um bom futuro é viver na presença de Deus, de acordo com a vontade dele, seguro contra os planos do mal. É ser capaz de sustentar a família e prover para outros também, à medida que o Senhor os coloca em nosso coração e nossa vida. É ter prioridades que coloquem Deus acima de todas as outras coisas. É dar a Deus o que ele requer e ser abençoado por agir assim. É viver em um lugar seguro, de paz, tendo uma boa obra para fazer, capacitado pelo Senhor para realizá-la bem.

Um bom futuro é algo que você trilha a cada dia ao andar com Deus.

Noé, Abraão e Moisés fizeram coisas grandiosas e extraordinárias porque andaram suficientemente perto de Deus para ouvir seu chamado e por entender, a cada dia, quais passos deveriam dar.

O Senhor abençoou Noé porque este "andava em comunhão com Deus" e todos os dias fazia o que Deus instruía (Gn 6.9). É difícil imaginar que, após ouvir as coisas intrigantes que Deus o chamara para fazer, ele tenha respondido: "Ok, Senhor, entendi. Pode deixar que vou assumir a partir daqui".

E se Noé tivesse tentado construir aquela arca enorme sem os planos e a ajuda de Deus? Ela precisava ser construída com perfeição a fim de resistir ao dilúvio imenso que sobreviria. E Noé teria de encontrar dois animais de cada espécie, macho e fêmea, colocá-los dentro do barco com os alimentos e suprimentos necessários para que sobrevivessem ao longo de todos aqueles dias. E se ele encontrasse apenas algumas das espécies? Mas Deus mandou os animais para ele.

Deus disse a Abraão: "Deixe sua terra natal, seus parentes e a família de seu pai e vá à terra que eu lhe mostrarei. Farei de você uma grande nação, o abençoarei e o tornarei famoso, e você será uma bênção para outros. Abençoarei os que o abençoarem e amaldiçoarei os que o amaldiçoarem. Por meio de você, todas as famílias da terra serão abençoadas" (Gn 12.1-3).

O PODER DA ORAÇÃO QUE DOMINA O MEDO

E se Abraão tivesse falado: "Ok, Senhor, consigo fazer isso. Pode deixar que eu te aviso se precisar de alguma coisa"? Abraão não teria nem saído de sua cidade, pois ele não fazia ideia de para onde estava indo. Como ele saberia que havia chegado sem que o Senhor lhe mostrasse? Como teria feito de si mesmo uma nação grande e abençoada? Ninguém faz isso sem Deus!

Deus falou a Moisés: "Por certo, tenho visto a opressão do meu povo no Egito. Tenho ouvido seu clamor por causa de seus capatazes. Sei bem quanto eles têm sofrido. Por isso, desci para libertá-los do poder dos egípcios e levá-los do Egito a uma terra fértil e espaçosa. É uma terra que produz leite e mel com fartura" (Êx 3.7-8). Então, explicou para Moisés o que queria que o próprio profeta fizesse.

E se Moisés houvesse respondido: "Sem problemas! Pode deixar que tomo conta de tudo. Vejo o Senhor na terra prometida"? Ninguém teria saído do Egito, sobretudo porque Moisés já era procurado por ter matado um egípcio. Assim, na primeira vez em que tentasse ver o faraó sem se fazer acompanhar de nenhum sinal especial da parte de Deus, indicando que este estava com ele, Moisés não sairia dali vivo.

E se Noé, Abraão e Moisés tivessem olhado para o futuro distante e dito a Deus: "Não consigo entender como isso vai acontecer. Não quero nem tentar. Estou exausto só de ouvir falar nesse assunto!"? Nada teria acontecido.

Nós também não conseguimos enxergar o futuro distante. Necessitamos andar bem perto de Deus, assim como esses grandes homens fizeram. Noé, Abraão e Moisés sabiam que o Senhor estava lhes pedindo coisas monumentais, as quais eles não tinham a menor condição de realizar por conta própria. Eles sabiam que necessitavam da orientação, do conhecimento e da capacitação de Deus para cumpri-las. Nós precisamos saber disso também.

Quando você caminha com o Senhor, ele a conduz a tudo que reservou para você. Nem sempre é exatamente como o que você tinha em mente, mas esteja disposta a ir para onde ele a está conduzindo. Quando você vive na percepção do propósito divino, deixa de apenas vagar por aí, esperando pelo melhor e temendo o pior. Você adquire a clara sensação de estar (ou de não estar) no lugar certo, na hora certa. E você precisa ter essa clareza e segurança, pois Deus pode permitir que sinta medo com o propósito de atraí-la para mais perto dele, a fim de que consiga ouvir suas próximas instruções. A caminhada íntima com o Senhor e o senso de propósito lhe indicarão claramente quais são as fronteiras de sua vida. E isso facilitará muito suas escolhas.

Sempre haverá algo a temer na vida. O chamado de Deus para você também pode ser assustador. Apenas pergunte a Jesus. Continue andando bem perto de Deus e entregue a ele todos os temores que tiver quanto ao futuro, conversando com o Senhor sobre cada um deles em oração. Então, continue esperando nele, à medida que seu coração, sua mente e sua alma são aquietados em paz. Deus deseja que você confie que ele tem um futuro bom para você.

Não ouça pessoas sem Deus que lhe dizem qual será seu futuro

Quando comecei a ter pensamentos de medo enquanto escrevia este livro, pedi a Deus que me mostrasse alguma área de minha vida na qual estivesse vivendo abaixo do nível que ele tinha para mim. Logo percebi que eu estava dando mais ouvidos a noticiários assustadores que a ele. Prestava mais atenção a predições terríveis que às promessas preciosas do Senhor.

A Bíblia diz que não devemos andar segundo o conselho dos ímpios. Essa orientação existe porque os ímpios não conhecem a real verdade. Não têm condições de prever o futuro. Só Deus conhece o futuro. E, como são pessoas sem Deus, não conhecem o poder da oração em nome de Jesus. A oração muda as coisas — e as pesquisas de opinião não levam esse fator em consideração. O que sabemos com certeza é que, quanto mais as pessoas rejeitam a Deus, mais obstinadas se tornam em sua rebelião contra ele. E isso aumenta à medida que nos aproximamos do retorno de Cristo.

Não podemos mergulhar nas predições depressivas de um mundo que não reconhece a Deus. Isso nos fará afogar no medo. As pessoas não conhecem o mundo extraordinário do reino de Deus, no qual todas as coisas são possíveis. Por isso, deposite todas as suas expectativas no Senhor, não em outras pessoas. "Que minha alma espere em silêncio diante de Deus, pois nele está minha esperança" (Sl 62.5).

Deus nunca deixa que permaneçamos onde estamos em nosso relacionamento com ele. Sempre há espaço para nos tornarmos mais semelhantes a ele. A verdade é que, se não estivermos caminhando adiante com o Senhor, estamos andando para trás. E Deus não permite que regressemos. Isso mina os planos dele para nossa vida.

Deus sempre tem um novo tempo e um novo começo para você. Isso a levará a um novo grau de compromisso com ele, um novo senso de propósito e chamado, um novo nível de oração e intercessão, uma dedicação renovada para servir a Deus, sua família, seu cônjuge, seus filhos e às pessoas que ele coloca em sua vida. Tudo isso faz parte de se tornar aquilo que ele pretendeu que você fosse e viver a vida que ele planejou para você. Por isso, quando estiver temerosa quanto ao futuro, desligue a televisão e leia a Bíblia. O mundo não tem as respostas. Deus sim.

Saiba que seu futuro pertence ao Senhor

Quando Jesus estava falando para seus discípulos sobre sua morte iminente, afirmou: "Quem crê em mim fará as mesmas obras que tenho realizado, e até maiores, pois eu vou para o Pai. Vocês podem pedir qualquer coisa em meu nome, e eu o farei, para que o Filho glorifique o Pai. Sim, peçam qualquer coisa em meu nome, e eu o farei!" (Jo 14.12-14). Por termos aceitado Jesus, podemos realizar coisas grandes e extraordinárias quando oramos em seu nome.

Por causa de Jesus, temos uma conexão direta com Deus. Ao aceitá-lo, temos acesso a um reino inabalável. Jesus disse: "O reino dos céus é como um tesouro escondido que um homem descobriu num campo. Em seu entusiasmo, ele o escondeu novamente, vendeu tudo que tinha e, com o dinheiro da venda, comprou aquele campo. O reino dos céus também é como um negociante que procurava pérolas da melhor qualidade. Quando descobriu uma pérola de grande valor, vendeu tudo que tinha e, com o dinheiro da venda, comprou a tal pérola" (Mt 13.44-46).

Isso significa que devemos considerar o reino dos céus mais valioso do que qualquer outra coisa. E precisamos pagar o preço que for necessário para obtê-lo.

Paulo falou sobre seu futuro nos seguintes termos: "Há uma porta inteiramente aberta para realizar um grande trabalho

O PODER DA ORAÇÃO QUE DOMINA O MEDO

aqui, ainda que muitos se oponham a mim" (1Co 16.9). Quando você começa a realizar a obra que o Senhor tem para você, pode apostar que surgirão adversários, porque o inimigo aparecerá para se opor a você infligindo-lhe medo, incerteza e dúvida.

Lembre-se de que o Espírito que está em você "é maior que o espírito que está no mundo" (1Jo 4.4). Portanto, resista ao inimigo, e ele fugirá de você.

Paulo perguntou: "O que nos separará do amor de Cristo? Serão aflições ou calamidades, perseguições ou fome, miséria, perigo ou ameaças de morte?" (Rm 8.35). O próprio apóstolo respondeu à indagação: "Estou convencido de quem nem morte nem vida, nem anjos nem demônios, nem o que existe hoje nem o que virá no no futuro, nem poderes, nem altura nem profundidade, nada, em toda a criação, jamais poderá nos separar do amor de Deus revelado em Cristo Jesus, nosso Senhor" (Rm 8.38-39). Isso quer dizer que nada é capaz de separar você do amor divino. Nem agora, nem nunca.

Quanto mais o mal prolifera, mais desejamos que o retorno de Jesus aconteça logo. Mas Jesus não orientou seus discípulos a ficarem parados aguardando sua volta. Ele lhes disse: "O Pai já determinou o tempo e a ocasião para que isso aconteça, e não cabe a vocês saber" (At 1.7). Não precisamos saber nada do que acontecerá no futuro. Só necessitamos conhecer o Senhor. *Ele* é nosso futuro. Não precisamos saber o que acontecerá, nem quando acontecerá. Só necessitamos saber que estaremos com Deus para sempre, a despeito do que ocorra.

"Se Deus é por nós, quem será contra nós?" (Rm 8.31). Deus é por você. Ele já era por você antes mesmo do seu nascimento. E, por causa disso, ele a aperfeiçoará até que você esteja com seu corpo espiritual glorificado na presença dele, na eternidade.

Realize a corrida ao lado de Deus, sabendo que ele a preparou para a vitória

Nesse meio-tempo, antes de seu retorno, Jesus quer que vivamos de maneira agradável a ele, cumprindo o propósito que tem para nós. Deseja que encaremos a corrida decididos a vencer. Como disse o apóstolo Paulo: "Vocês não sabem que, numa corrida, todos competem, mas apenas um ganha o prêmio? Portanto, corram para vencer. O atleta precisa ser disciplinado sob todos os aspectos. Ele se esforça para ganhar um prêmio perecível. Nós, porém, o fazemos para ganhar um prêmio eterno" (1Co 9.24-25).

Quando finalmente nos encontrarmos com o Senhor na eternidade, desejaremos ouvir: "Muito bem, meu servo bom e fiel. Você foi fiel na administração dessa quantia pequena, e agora lhe darei muitas outras responsabilidades. Venha celebrar comigo" (Mt 25.21). É por isso que nos disciplinamos a fazer a coisa certa — a ser semelhantes a Cristo tanto quanto possível, independentemente do que esteja acontecendo. "O SENHOR dirige os passos do justo; ele se agrada de quem anda em seu caminho" (Sl 37.23). A boa notícia é que o Espírito Santo em nós nos ajuda a fazer a coisa certa.

Deus quer que vivamos em união com nossos irmãos e irmãs em Cristo. Ele deseja que vivamos em paz com os descrentes também, tanto quanto possível. Nunca devemos cometer o pecado orgulhoso de desdenhar outras raças ou culturas. Temos todos o mesmo sangue. "De um só homem ele criou todas as nações da terra" (At 17.26). Deus quer que nos lembremos de que há apenas dois tipos de pessoas no mundo — as que estão salvas e que não estão. Para quem não está, temos boas-novas, e Deus deseja que as partilhemos. O medo humano é um lugar sombrio, no qual nossa dúvida cobre a luz plena do Senhor que paira sobre nós.

Deus está lhe dizendo: "Levante-se, Jerusalém! Que sua luz brilhe para que todos a vejam, pois sobre você se levanta e reluz a glória do Senhor. Trevas escuras como a noite cobrem as nações da terra, mas sobre você se levanta e se manifesta a glória do Senhor" (Is 60.1-2).

Quando Deus colocou em meu coração o desejo de escrever este livro sobre o medo, o mundo não era tão perigoso quanto hoje. A disseminação do mal não era tão imensa e abrangente. Mas ele sabia que o planeta estaria desta maneira agora. Aliás, ele descreveu as circunstâncias em sua Palavra. Mas não podemos nos arrastar para dentro de uma caverna e achar que estamos a salvo com nossa família. Não dá para viver em uma bolha, distantes das atrocidades que acontecem ao redor de todo o globo. O mundo nos encontra. É por isso que precisamos continuar orando para que pessoas boas e espirituais subam ao poder em todos os países, cidades e comunidades. Precisamos pedir em oração que as pessoas más e sem Deus sejam tiradas do poder. Devemos orar todos os dias para que todo o mal que o inimigo planeja não se torne realidade e que prevaleçam os planos de Deus para proteger os justos que nele creem.

Eu digo: "Livremo-nos de todo peso que nos torna vagarosos e do pecado que nos atrapalha, e corramos com perseverança a corrida que foi posta diante de nós" (Hb 12.1). Podemos fazer isso porque o Espírito Santo nos capacita a servir a Deus e a fazer a vontade dele. As pessoas precisam saber que podem passar a eternidade com o Senhor. E ele estará ao lado delas na terra até esse dia chegar. Ninguém sabe ao certo quando Jesus voltará, mas, sem dúvida, podemos perceber que os sinais estão mais claros do que nunca. Para isso, basta saber que ele está voltando e que estaremos com ele quando morrermos ou quando ele voltar — o que ocorrer primeiro.

Enquanto andava por sobre as águas para encontrar os discípulos no barco, Jesus sabia que eles estavam amedrontados, por isso lhes animou dizendo: "Não tenham medo! Coragem, sou eu!" (Mt 14.27). Eles não sabiam ao certo quem estava com eles. Nós também necessitamos reconhecer quem realmente está conosco. Quando o Senhor nos disser: "Não tenham medo, pois estou com vocês", podemos ter a completa certeza de que ele de fato está, pois podemos confiar plenamente nele.

– Poder da oração –

Senhor, agradeço porque me deste esperança e um futuro. Obrigada porque teus pensamentos para comigo são "de bem, e não de mal" (Jr 29.11). Obrigada porque, por te amar, andar contigo e viver em teus caminhos, eu tenho um futuro à frente. Tira todos os meus temores quanto ao futuro. Não importa o que eu vier a escutar no mundo, ajuda-me a depender somente da tua verdade, do teu amor e do teu poder em minha vida. Que eu sempre diga: "Este é o dia que o Senhor fez; nele nos alegraremos e exultaremos" (Sl 118.24).

Obrigada, Senhor, porque és "nosso sol e nosso escudo", "nos dá graça e honra" e "não negará bem algum àqueles que andam no caminho certo" (Sl 84.11). Quero ser capaz de dizer: "Lutei o bom combate, terminei a corrida e permaneci fiel" (2Tm 4.7). Sei que em tudo isso sou mais que vencedora por meio de Jesus, que me ama (Rm 8.37).

Agradeço porque "me mostrarás o caminho da vida e me darás a alegria de tua presença e o prazer de viver contigo para sempre" (Sl 16.11). Obrigada porque, depois de depositar minha fé em ti, tenho em mim o Espírito Santo, e isso sela meu futuro. Ajuda-me a conservar os olhos em ti, não em pessoas que preveem desastres sem te conhecer. Eles não determinam meu futuro, *tu* o fazes. Ajuda-me a me esquecer do passado e a olhar "para o que está adiante" (Fp 3.13).

Em nome de Jesus, amém.

– Poder da Palavra –

Observe os que são íntegros e justos;
um futuro maravilhoso espera os que amam a paz.
SALMOS 37.37

"Porque eu sei os planos que tenho para vocês", diz o SENHOR.
"São planos de bem, e não de mal,
para lhes dar o futuro pelo qual anseiam."
JEREMIAS 29.11

Considero que nosso sofrimento de agora
não é nada comparado com a glória que
ele nos revelará mais tarde.
ROMANOS 8.18

Todos que pedem, recebem.
Todos que procuram, encontram.
E, para todos que batem, a porta é aberta.
MATEUS 7.8

Os que confiam no SENHOR renovam suas forças;
voam alto, como águias.
Correm e não se cansam, caminham e não desfalecem.
ISAÍAS 40.31

Obras da mesma autora:

30 dias para tornar-se uma mulher de oração
A Bíblia da mulher que ora
A oração que faz Deus sorrir
Bom dia! – Leituras diárias com Stormie Omartian
Bom dia! 2 – Leituras diárias com Stormie Omartian
Dez minutos de oração para transformar sua vida
Escolha o amor
Escolha o amor – Livro de orações
Eu sempre falo com Deus sobre o que sinto
Guerreiras de oração
Guerreiras de oração – Guia de estudo
Guia-me, Espírito Santo
Minha Bíblia de oração
Minha história de perdão e cura
Minutos de oração para a mulher de fé
O diário da mãe que ora
O milagre do Natal
O poder da avó que ora
O poder da criança que ora
O poder da esposa que ora
O poder da esposa que ora – Livro de orações
O poder da esposa que ora – Mensagens de fé
O poder da fé em tempos difíceis
O poder da mãe que ora
O poder da mulher que ora
O poder da mulher que ora – Livro de orações
O poder da nação que ora
O poder da oração no casamento
O poder da oração para uma vida feliz
O poder de orar
O poder de orar a vontade de Deus
O poder de orar juntos
O poder de orar pelos filhos adultos
O poder de orar pelos filhos adultos – Livro de orações
O poder de uma vida de oração – Livro de orações
O poder do adolescente que ora
O poder do marido que ora
O poder dos pais que oram
O poder transformador da oração
O que acontece quando eu falo com Deus?
O que Jesus disse
O segredo da saúde total

Compartilhe suas impressões de leitura,
mencionando o título da obra, pelo e-mail
opiniao-do-leitor@mundocristao.com.br
ou por nossas redes sociais

Esta obra foi composta com tipografia Adobe Caslon Pro
e impresso em papel Pólen Soft 70 g/m² na gráfica Assahi